Kurt Krieger

KARRIEREBEGLEITER

Kurt Krieger

KARRIEREBEGLEITER

für

JUNGMANAGER, MIDDLEMANAGER
& TOPMANAGER

Erfolgreiche Führungsinstrumente und -techniken
und die 40 Krieger-Prinzipien

LARDON

Vorwort

Studien von Meinungsforschungsunternehmen haben aufgezeigt, dass knapp 90% der in deutschen Unternehmen beschäftigten Mitarbeiter ihren Job unengagiert bis lustlos verrichten. Die Ursache: schlechtes Management.

Bei anderen Untersuchungen wurde festgestellt, dass in Deutschland nur zwei Drittel der Arbeitszeit von den Mitarbeitern produktiv genutzt wird. Worin liegt der Grund der zu geringen Nutzung? 70% der unproduktiven Arbeitszeit sind in Missmanagement begründet. Insbesondere das Middle-Management wurde als ineffektiv identifiziert. Den Managern falle es schwer, klare Prioritäten zu setzen. Diese Feststellungen werden unterstützt durch das Ergebnis einer Befragung von Arbeitnehmern, die klare Zielvorgaben ihrer Vorgesetzten vermissen. Trotz hoher Arbeitspensen der Führungskräfte verstehen es viele nicht, ihre Mitarbeiter effizient einzusetzen, offenbar weil sie selbst keine klaren Zielvorstellungen haben oder nicht in der Lage sind, diese vernünftig zu formulieren. In der Hauptsache wird das Missmanagement auf mangelnde Planung und Steuerung zurückgeführt, gefolgt von mangelnder Führung und Aufsicht.

Missmanagement führt zu Produktivitätseinbußen. Auf eine zu geringe Produktivität angesprochen, glauben rund 40% der Führungskräfte, dass neue Investitionen die Produktivität deutlich steigern könnten. Lediglich 3% vermuten Führungsschwächen. Diese Erkenntnisse stehen in krassem Gegensatz zur Realität. Zur Produktivitätssteigerung braucht man vor allem ein effizientes Management! Der Einsatz von Kapital spielt nur eine untergeordnete Rolle.

Nach meiner Erfahrung beruhen die Führungsschwächen nicht durchweg auf einer mangelnden Qualität der Führungskräfte, sondern auf einer mangelnden Qualifizierung. Viele werden auf ihre Führungsaufgaben nicht, nicht ausreichend oder von führungsunerfahrenen Schulungsreferenten vorbereitet. Einmal in das kalte Wasser geworfen, verfestigen sich unzulängliche Führungsstile und sinnvolle Führungsinstrumente werden mangels Kenntnis nicht angewandt. Um erkannte Schwächen auszumerzen, springen unerfahrene Führungskräfte häufig auf vermeintlich »moderne« und neue Führungstechniken, die in entsprechenden Werken marktschreierisch in die Bestsellerlisten katapultiert wurden. Fast monatlich gibt es neue Theorien, die Ratsuchende nur noch unsicherer machen. Lassen Sie sich hierdurch nicht beirren und verwirren, auch auf die Gefahr hin, als unmodern zu gelten. Halten Sie es mit unserem Alt-Bundespräsidenten Roman Herzog: »Manchmal muss man nur den Mut haben, am richtig Erkannten so lange festzuhalten, bis man wieder modern ist.«

Dieses Buch hilft als Führungsbrevier Lücken im Managementwissen aufzufüllen. Die Untergliederung in Hinweise für Jung-Manager, Middle-Management und Top-Management gibt lediglich einen Anhalt. In der Praxis verschwimmen die Grenzen, und ein Blick auf die Grundkenntnisse der untergeordneten Ebene wird genauso hilfreich sein wie ein Blick nach oben. Meine ganzen Erfahrungen, die ich in allen Hierarchieebenen national und international erworben habe, sind in dieses Werk eingeflossen. Im Gegensatz zu vielen anderen Werken über diese Materie handelt es sich also um eigene praktische Erfahrungen. Ich brauchte nicht – wie Universitätsprofessoren, Psychologen oder Scharlatane, die es auf diesem Gebiet leider auch gibt – auf theoretische Modelle, Befragungen von Managern oder auf Beispiele aus der Tierwelt zurückzugreifen. Alles, was ich niedergeschrieben habe, hat sich in der Praxis erfolgreich bewährt. Damit kann ich gewährleisten, dass die von mir beschriebenen Führungstechniken und Führungsinstrumente zum Erfolg führen. Was Sie aber auf jeden Fall in Ihre Führungspraxis einbringen müssen, ist die Konsequenz in der Umsetzung. Ohne Konsequenz tritt ein Erfolg nur mäßig oder gar nicht ein. In diesem Zusammenhang noch eine Empfehlung: Versuchen Sie bitte nicht, viele Maßnahmen auf einmal umzusetzen. Greifen Sie das, was für Sie am wichtigsten ist, heraus und setzen es konsequent um. Der dann einsetzende Erfolg wird Sie begierig und mit Freude zur nächsten Maßnahme führen.

Erfolg nährt weiteren Erfolg! Die Einleitung dieser Kette wünsche ich Ihnen.

Kurt Krieger

INHALT

2. Führungspraktik für Jungmanager

3. Führungsinstrumente für das Middlemanagement

4. Das Topmanagement

4.1 Krisenmanagement / Schwierige Situationen

4.2 Führungsverhalten gegenüber ...

4.3 Organisationsthemen

1. Was ist erfolgreiche Führung?

- **Prinzipien des Managements**
- **Der Unterschied zwischen Mitarbeiter und Führungskraft**
- **Niemand ist zum Führen geboren Woran erkennt man eine gute Führungskraft?**
- **Die Führungspersönlichkeit**
- Die Blender
- Die echten Macher
- Führungsautorität
- Die Kleidung
- Das Auftreten
- Gesellschaftliche Anlässe
- Weitere Qualifikationsmerkmale
- **Die Fachqualifikation**
- **Der Führungsstil**
- Die Führungstheoretiker
- **Der personenorientierte und der erfolgsorientierte Führungsstil**

Prinzipien des Managements

Ziel des Managements ist das Erreichen eines bestimmten Unternehmensergebnisses. Dazu sind die positive Beeinflussung der Mitarbeiter, d.h. zielgerichteter Ausbau ihrer Stärken sowie Abbau ihrer Schwächen und die Organisation der Arbeitsabläufe notwendig. Der Erfolg eines guten Managements zeigt sich hauptsächlich in den finanziellen Ergebnissen des Unternehmens, der Marktposition, dem Qualitätsstandard, der Mitarbeiterqualifikation und der Innovationskraft, kurz gesagt in seiner Leistungsfähigkeit. Diese soll gemessen und ständig gesteigert werden.

Jedem Mitarbeiter wird bewusst gemacht, dass er mit seiner Arbeit am Erfolg des Unternehmens teilhat. Zur Schärfung dieses Bewusstseins muss der Mitarbeiter aufgeklärt und bestens informiert sein. Das gelingt im Unternehmen nur, wenn es genau festgelegte Kommunikationsstrukturen gibt, die den Informationsfluss regeln.

Das grobe Ziel eines bestimmten Unternehmensergebnisses muss in Teilziele hinuntergebrochen werden, die dann einfach und verständlich jedem Mitarbeiter für seinen Aufgabenbereich vorgegeben werden können. Die Führungskraft trägt die Verantwortung dafür, dass der Zusammenhang mit dem Gesamt-Unternehmensziel gewahrt bleibt und verstanden wird.

Dem Mitarbeiter, der seine Ziele erfüllt, wird die Gelegenheit geboten, sich weiter zu entwickeln. Nur dann gewinnt er die Motivation, den Wert seiner Arbeit für das Unternehmen zu steigern.

Die gemeinsame Verpflichtung von Führungskräften und Mitarbeitern auf plausibel vorgegebene Ziele und Werte ist

Teil einer Unternehmenskultur, ohne die beständig gute Leistungen nicht möglich sind.

Der Unterschied zwischen Mitarbeiter und Führungskraft

Grundsätzlich:
- Der Mitarbeiter arbeitet aufgabenorientiert.
- Die Führungskraft arbeitet ergebnisorientiert.

Der Mitarbeiter verwaltet und ordnet, er hat dafür zu sorgen, dass die Geschäfte reibungslos erledigt werden. Die Führungskraft gestaltet, schafft neu.

Eine qualifizierte Führungskraft kennt das angestrebte Unternehmensergebnis und richtet alle ihre Handlungen und Anweisungen an ihre Mitarbeiter nach dem Ergebnisziel aus. Ein anspruchsvolles Ergebnisziel beinhaltet immer Verbesserungen quantitativer und qualitativer Art.

Eine Führungskraft, die es nicht schafft, Qualität und Quantität der Arbeiten zu verbessern, war entweder nie Führungskraft oder ist nicht mehr Führungskraft, sondern nur noch Mitarbeiter. Dagegen hat ein Mitarbeiter, der ständig Arbeiten optimiert, begonnen, Führungskraft zu werden.

Es gehört zu den wichtigsten Aufgaben der Führungskraft, sich Gedanken darüber zu machen: Was will ich wie verbessern? Diese Gedanken muss sie in ihre eigenen Ziele aufnehmen. Nur mit der Umsetzung dieser Verbesserungen erfüllt die Führungskraft ihre Funktion.

Niemand ist zum Führen geboren
Woran erkennt man eine gute Führungskraft?

Jede gute Führungskraft erkennt man an zwei einfachen Voraussetzungen:

- Sie hat Erfolg!
- Sie hat Biss!

Dass diese Aussage stimmt, lässt sich leicht an anerkannten, guten Führungskräften nachvollziehen.

Eine erfolgreiche Person, die ihren Erfolg ohne Biss erreichte, hatte Zufallserfolg. Jemand, der Biss hat ohne Erfolg, kann keine gute Führungskraft sein.

Was bedeutet es, Biss zu haben? Biss haben die so genannten Macher, die Manager und die Kümmerer. Alle sind sie mit Leidenschaft bei der Sache und haben den festen Willen, Verantwortung zu übernehmen. Die Macher sind aktiv und kreativ, haben und entwickeln Geschäftsideen. Sie legen diese aber nicht in eine Schublade für später, sondern setzen alles daran, sie schnellstmöglich umzusetzen. Sie entwerfen Umsetzungspläne und managen die Durchführung. Ist die Durchführung eingeleitet, kümmern sie sich von Anfang bis zum Ende um den Fortgang der Arbeiten und lassen sie zwischendurch nicht schleifen. Der Kümmerer gibt ihm zugewiesene Aufträge nicht einfach weiter und betrachtet die Angelegenheit damit als für ihn erledigt, sondern er bleibt auf jeden Fall am Ball, bis er die Gewissheit über den endgültigen Abschluss des Vorganges hat. »Im Durchsetzen von Ideen erkennt man den Unternehmer, die anderen sind nur Verwalter.« (Hans Gerling, früher Chef des Gerling-Konzerns, Köln.)

Eine gute Führungskraft überlässt nichts dem Zufall. Sie hat bei allem konkrete Zielvorstellungen, kennt den derzeitigen Standpunkt und weiß um die Schritte zum Ziel. Sie legt die Zeitpunkte für die Erlangung von Zwischenzielen fest und kontrolliert laufend, ob sich Zielabweichungen ergeben haben und reagiert entsprechend. **Sie gibt nie auf!**

Zur Festsetzung von Endzielen gehören umfassende Simulationsberechnungen, damit alle Auswirkungen einer Planausführung transparent werden. Es gibt kaum gefährlichere Maßnahmen als die, die nur aus dem Bauch heraus entschieden werden. Die meisten Misserfolge wären vermeidbar, würden geplante Maßnahmen mit allen ihren Auswirkungen vorab simuliert.

»Zu Ende denken« heißt die Devise!

Sich kümmern und zu Ende denken macht Arbeit und kann anstrengend sein. Deshalb versteht es die gute Führungskraft, sich gekonnt zu organisieren. Das erlaubt ihr, die anstehenden Arbeiten in einer angemessenen Zeit zu erledigen. Sie ist souverän und muss ihre Qualifikation nicht damit demonstrieren, morgens der Erste und abends der Letzte am Arbeitsplatz zu sein und darüber hinaus noch die Wochenenden mit Arbeit zu verbringen und natürlich nicht den ganzen Urlaub der Familie zu widmen. Der Trugschluss dabei ist, dass Anwesenheit mit Leistung gleichgesetzt wird.

Effizienz, nicht Präsenz ist gefragt!

Oder wie ein drastische, aber zutreffende Ausdrücke liebender Unternehmer es einmal gegenüber einer Führungskraft formulierte: »Ich bezahle nicht Ihren Hintern, sondern Ihr Hirn.«

Eine gute Führungskraft scheut sich nicht, schwierige oder unangenehme Entscheidungen zu treffen. Z. B. ist das Wegrationalisieren von Arbeitsplätzen stets die schwierigste Entscheidung eines Managers. Wer Vergnügen daran findet, sollte ebenso wenig Platz im Unternehmen haben wie derjenige, der sich dazu nicht in der Lage sieht. Es gibt viele Aktivitäten, Maßnahmen oder Gespräche, die unangenehm sein können und deshalb auch mehr oder weniger starke Ängste hervorrufen. Diesen Ängsten nachzugeben, kann sicher kein Qualifizierungsmerkmal einer Führungskraft sein.

»Was würde ich tun, wenn ich keine Angst hätte?«

Eine der wichtigsten Fragen, die sich eine Führungskraft in allen problematischen Situationen stellen sollte. Gemäß der Antwort muss sie handeln! Oft kostet das Überwindung. Überwindung auch deshalb, weil man sich bei manchen Aktionen schlecht fühlt. Man fühlt oder weiß, dass man in dieser Situation kein gutes Bild abgegeben hat. Aber je häufiger die Überwindung stattgefunden hat, umso weniger Ängste treten in Zukunft auf. Und es zählt allein der Erfolg der Aktion, nicht das Gefühl oder die Darstellung! Was nützt ein gutes Gefühl und eine gute Darstellung bei einem Misserfolg? Durch die Überwindung wird eine Führungskraft selbstsicherer. Bei diesem Prozess sollten unangenehme Entscheidungen sofort getroffen werden und unangenehme Maßnahmen sind sofort zu ergreifen. Werden diese auf die lange Bank geschoben, verlängert sich nur die »Schmerzphase«. Also:

Notwendige Unannehmlichkeiten – sofort!

Der Erfolg einer Führungskraft basiert nicht nur auf ihrer persönlichen Leistung. Durchgreifenden Erfolg kann nur haben, wem es gelingt, Mitarbeiter zu hohen Leistungen zu führen. Kein unbedingtes Qualitätskriterium für eine gute Führungskraft ist die Beliebtheit bei den Mitarbeitern.

Eine gute Führungskraft wird geachtet, sie muss nicht geliebt werden!

Geliebt werden Führungskräfte in der Regel, wenn sie ihren Mitarbeitern nicht wehtun und sie nicht tadeln. Diese Führungskräfte werden oft nicht geachtet und verlieren damit ihre Durchsetzungskraft, wenn sie je eine hatten. Ein offenkundiges Erkennungsmerkmal einer guten Führungskraft zeigt sich in der Qualität ihrer engsten Mitarbeiter. Bei hoher Qualität kann man davon ausgehen, dass es sich um eine qualifizierte Führungskraft handelt, weil sie es verstanden hat, gute Mitarbeiter um sich zu scharen und sich ihre Mitwirkung zu erhalten.

Eine Führungskraft wird einsam, umso stärker, je höher sie aufsteigt. Dessen muss sich jeder bewusst sein, der Führungspositionen anstrebt. Die Einsamkeit bezieht sich nicht nur auf das Verhältnis zu Mitarbeitern, sondern auch auf das Verhältnis zu gleichgestellten Kollegen. Hier gibt es zwar durchaus freundschaftliche Beziehungen, aber nur so lange, wie nicht die geringste dienstliche Konkurrenz aufkommt. Und das ist selten nicht der Fall. Es gibt zwischen Kollegen keine echte Freundschaft. Wer daran glaubt, betreibt das Geschäft erst kurz. Es gibt höchstens Zweckfreundschaften, die aber enden, wenn der Zweck erreicht wurde. Z. B. zwei Mitarbeiter sägen am Stuhl eines Vorgesetzten. Am Ziel endet die Zweckfreundschaft. Jeder weiß warum.

Wie steht es mit Fairness? Ähnlich wie mit den freundschaftlichen Beziehungen. Eine routinierte Führungskraft verlässt sich nie auf die Fairness anderer. Führt unfaires Verhalten zum Erfolg? In manchen Fällen schon, aber ohne Gewissheit. Viele versuchen durch unfaires Verhalten den Job eines Höhergestellten zu übernehmen. Sie wollen ihn in einer schwachen Phase »abschießen«. Häufig müssen sie feststellen, dass sie diese Aktion selbst nicht überleben. Unfaires Verhalten gegen einen selbst muss auf jeden Fall offen bekämpft werden. Eigene Fairness gegen jedermann schafft Achtung und Selbstsicherheit. Unfaires Verhalten führt immer zu Gegenreaktionen und das oft zu einer Zeit, zu der man weder damit rechnet noch sie gebrauchen kann. Andererseits führen Hilfestellungen in Schwächephasen anderer meistens zu Gegenleistungen, was nicht hoch genug eingeschätzt werden kann.

Ob jemand eine gute Führungskraft abgibt oder nicht, hängt nicht vom Alter ab. Eine ältere Führungskraft hat auf jeden Fall mehr Erfahrung als die jüngere. Das befähigt sie, in schwierigen Situationen routiniert zu handeln. Ihre Erfahrung lässt sie sowohl fachliche Probleme als auch Führungsprobleme besser erkennen und ihre Auswirkungen besser einschätzen. Auf die Erfahrung und die Routine älterer Führungskräfte sollte kein Unternehmen unnötig verzichten. Es ist besser für ein Unternehmen so lange wie möglich davon zu profitieren. Grenzen setzen das Pensionsalter und ein vielleicht nachlassendes Engagement, was aber nicht altersimmanent sein muss. Vielfach anzutreffende »moderne« Einstellungen in Unternehmen, die für Führungspositionen grundsätzlich Vierzigjährige bevorzugen, verschenken nützliche Kapazität.

Die Führungspersönlichkeit

Die Blender

Es gibt sie, und es gibt sie immer wieder auch in den höchsten Positionen, die Blender, die Schwätzer, die Sonnyboys, die mit ihrem stark ausgeprägten Charisma den Weg nach oben geschafft haben. Sie überstrahlen mit ihrer Aura andere, viel fähigere Manager. Sie sind Hasardeure, gefährlich in jeder Beziehung, gefährlich für ihr Umfeld, gefährlich für das Unternehmen und den Unternehmenserfolg. Oft sind es die, die über Leichen gehen. Je nach Größe des Unternehmens oder des Verantwortungsbereichs setzen sie Milliarden in den Sand. Sie haben eine so starke Persönlichkeit, dass sie selbst bei Misserfolgen noch auf Vorgesetzte oder Aufsichtsräte überzeugend wirken oder dass sie es sogar geschafft haben, diese zu ihren Marionetten zu machen. Sie sind echt starke Führer! Aber wo führen sie hin? Mit einer Persönlichkeitsstärke, die jede Fehlentscheidung durchsetzbar macht, potenzieren sich ihre Möglichkeiten, gut funktionierende Unternehmen gegen die Wand zu fahren.

Gutes Management und schlechte Ergebnisse, das gibt es nicht.

Die erreichte hohe soziale Stellung führt nicht selten zu psychischen Gefährdungen. Die Karriereleiter, die sie erklommen haben, kann mit einem Egotrip gleichgesetzt werden, und die Tatsache ihres Erfolges lässt die jeweilige Unternehmenskultur und die Fähigkeiten der für den Aufstieg Mitverantwortlichen fraglich erscheinen. Der Schaden, den sie anrichten, tritt oft erst dann ins Bewusstsein, wenn die Grenzen der Kriminalität überschritten sind.

Es gibt Erkenntnisse, dass manche erfolgreiche Führungspersönlichkeiten auffällige Parallelitäten mit psychisch Kranken aufweisen. Sie zeigen in ihrem Kommunikationsstil und ihrer Selbstverliebtheit ein auffallendes Verhalten, das in einem anderen Zusammenhang als in ihrer Führungsrolle als schizophrenes Symptom diagnostiziert würde. Je bedeutender das Unternehmen und je höher die Position, desto eher besteht die Gefahr für die Führungskraft, auf einen Egotrip zu geraten. Sie umgibt sich mit Mitarbeitern, die von ihr begeistert sind – oder zumindest so tun – oder so klug sind, abweichende Meinungen nicht zu äußern. Da sie im Höhenrausch die Risiken für das Unternehmen nicht mehr voll überblicken und die Gefahr verspüren, dabei erkannt zu werden, sind sie äußerst kritikempfindlich. Ihre zunehmende Dünnhäutigkeit kompensieren sie durch einen Schutzschild von Jasagern und Einschmeichlern und verkennen dabei:

Die Verbeugung gilt immer nur dem Thron, nicht dem Inhaber!

Sofort erkennbar wird das, wenn einer der Einschmeichler die Nachfolge antritt. Mit Amtsantritt – der Vorgänger hat kaum den Fuß aus der Tür gesetzt – wird er beginnen, ihn zu demontieren. Gerade wurde ihm noch zugejubelt, schon ist er ein Versager, der jahrelang nur Fehlentscheidungen getroffen hat.

Die echten Macher

Anders sind die stillen Macher, die sich nicht so sehr ins Rampenlicht der Öffentlichkeit stellen, deren starkes Ego auch Kritik verträgt und die sich Schritt für Schritt jede

Stufe der Karriereleiter erkämpft haben. Sie sind es, die viele Unternehmen zum Erfolg führen. Sie kokettieren nicht mit ihrem Konterfei auf dem Titelblatt eines Wirtschaftsmagazins, sie überzeugen mit dem Bilanzergebnis im Geschäftsbericht.

Was zeichnet den echten Macher aus?

- **tiefgründige Kenntnis**
- **klare, durchdachte, realistische Zielvorstellungen**
- **der Geschäftserfolg steht vor dem persönlichen Erfolg**
- **der starke Wille besser zu sein**
- **Unbeirrtheit in der Verfolgung der Ziele, Konsequenz**
- **totaler Einsatz**
- **Durchsetzungskraft, Entscheidungskraft**
- **Zuverlässigkeit, Disziplin**
- **Ehrlichkeit**
- **Begeisterung**
- **gute Manieren**

Der letzte Punkt mag manchem als der Unwichtigste erscheinen, aber man soll sich gerade hierüber nicht täuschen. Unter der Voraussetzung, dass die meisten Führungskräfte gute Manieren besitzen, wird zu häufig unterschätzt, welche Wirkung Unkenntnis über gutes Benehmen auf diese wichtigen Personen, aber auch auf sonstige Beobachter hat. Einer Führungskraft mit guten Manieren sind schlechte Manieren zuwider. Selbst qualifizierte Kräfte haben bei ihnen ohne Manieren keine Chance. Leider gehen junge Leute oft zu gedankenlos mit diesem Thema um und glauben, dass sie nur in wichtigen Situationen Messer und Gabel richtig bedienen müssen. Sie verkennen dabei, dass man auch gutes Benehmen verinnerlicht haben muss, um es gelassen in schwierigen Situationen anwenden zu können.

Wer die Anwendung der Regeln über gutes Benehmen situationsabhängig macht, wird sie nie beherrschen.

Gutes Benehmen ist keine Frage der Umgebung, es ist allein eine Frage der inneren Einstellung!

Eine Führungskraft ohne gutes Benehmen kann nie eine Führungspersönlichkeit sein. Sie wird sich immer einem verhohlenen oder sogar öffentlichen Spott preisgeben. Auch mit guten Manieren wird niemand geboren, man bekommt sie entweder beigebracht oder man muss sie sich aneignen. Hierzu gibt es genügend Literatur oder auch spezielle Kurse. Das alles hilft allerdings nicht dem, der nicht will.

Zuverlässigkeit gehört unbedingt zur Managerqualität. Wer sein Wort gibt, muss auf jeden Fall dazu stehen. Nicht selten erlebt man, dass Führungskräfte gegenüber ihren Mitarbeitern oder auch Kunden schlecht Nein sagen können und deshalb lieber eine Zusage geben, die sie eigentlich gar nicht machen wollen. Gerade diese Leute neigen dazu, ihre Zusage einfach zu vergessen. Sie werden nicht nur so genannt, sie sind »Weicheier«, die es kaum weit bringen werden. Wer an dieser Stelle Schwierigkeiten hat, muss Absagen trainieren und sich dazu zwingen.

Sag nie Ja, wenn du Nein sagen willst!

Derjenige, der anders handelt, lebt unnötigerweise mit schlechten Gefühlen und er tut weder sich noch anderen mit seiner Handlungsweise einen Gefallen.

Die gute Führungskraft verfolgt konsequent die von ihr als richtig erachteten Ziele. Bei der Umsetzung mit ihren Mitarbeitern weicht sie keinen Millimeter von der Zielstraße ab.

Dazu gehört unbedingt Selbstdisziplin, die als Charaktereigenschaft kaum erlernbar ist. Undisziplinierte Mitarbeiter eignen sich deshalb nicht zur Führungskraft.

Führungsautorität

Eine natürliche Führungsautorität wird von selbstsicheren Führungskräften ausgestrahlt.

Selbstsicher können nur Führungskräfte sein, die eine klare Vorstellung darüber haben, was sie wollen.

Sie haben konkrete Ziele vor Augen und wissen genau, wie sie in ihrem Bereich zu agieren haben, damit eine höchstmögliche Beeinflussung des Unternehmensergebnisses erzielt wird. Sie sind dann auch ohne weiteres in der Lage, klar und sicher Ziele für ihre Mitarbeiter vorzugeben. Immer wieder kann festgestellt werden, dass Führungskräfte, die nicht genau wissen was sie wollen, ins Schwimmen geraten und in solchen Situationen entscheidungsunsicher oder -unfähig sind. Souveräne Sicherheit strahlen dagegen die Manager aus, die ein klares Ziel haben. Nur sie können überzeugend argumentieren. Bei den Handlungen einer Führungskraft spürt man Großmut, Kühnheit, Ernst und Kraft. Verächtlich macht sich, wer als launisch, leichtfertig, feige und entschlusslos gilt. Nichts verschafft einer Führungskraft so großes Ansehen wie bedeutende Unternehmungen und außergewöhnliche Beispiele.

Wer Führungsautorität haben will, muss auch wie eine Führungskraft aussehen! Das beginnt bei der Körperhaltung und erstreckt sich auf die angemessene Kleidung. Eine Führungskraft sitzt und geht aufrecht, nicht wie ein geprügelter Hund.

Aufrechtes Gehen strahlt Sicherheit aus, gebeugte Haltung Ängstlichkeit. Straßenräuber suchen sich vornehmlich ängstlich erscheinende Opfer aus und lassen andere eher in Ruhe. Eine klare Frage der Ausstrahlung. Diese Erkenntnis können sich Führungskräfte zu Nutze machen. Die Führungskraft hat einen kräftigen Händedruck, ohne die Hand des Gegenübers zu zerquetschen. Das Hinreichen einer schlaffen Hand lässt auch auf eine schlaffe Führungskraft schließen.

Die Kleidung

Ihre Kleidung soll klassisch dezent sein, niemals schreiend. Diese ungeschriebene Manager-Anzugsordnung muss unbedingt eingehalten werden. Die Haare des männlichen Managers sind nicht hell gefärbt, dort wo keine mehr sind, steht der selbstsichere Manager dazu. Toupets oder mühsam über Kahlstellen gekämmte und geklebte Haare, die dann nicht einmal einem Windstoß standhalten, machen nur lächerlich. Der regelmäßige Gang zum Friseur hält nicht nur diesen Berufsstand aufrecht, sondern unterstreicht ein gepflegtes Aussehen. Der unausrasierte Nacken und die ungewollt über die Ohren ragenden Haare verhelfen nicht dazu, genauso wenig wie Haare, die aus den Ohren oder der Nase wachsen. Ringe durch die Ohren beim Mann oder der Brillant am Nasenflügel beeindrucken höchstens die Freundin eines selbstständigen Jungunternehmers, nicht eine Geschäftsleitung. Wenn schon Bart, dann aber bestens gepflegt. Der Schmuck des weiblichen Managers, wie Ohrringe oder Halskette ist wertvoll, nicht aufdringlich, genauso wie Make-up und Parfum. Der Business-Anzug des Mannes ist dunkelgrau, dunkelblau oder dunkelbraun. Bei den Damen darf es etwas farbiger sein, aber nicht zu auffällig. Die gute Qualität darf auffällig sein. Kombinationen sind ebenfalls angemessen, wenn kein besonderer Anlass gegeben ist. Als Hemdenfarbe wählt man weiß, hellblau oder blau mit dezenten weißen Streifen oder Mustern. Die Kragenspitzen biegen sich nicht traurig nach innen, was nach dem Waschen trotz Bügelns oft vorkommt. Dem kann leicht abgeholfen werden, indem man die Kragenspitzen einfach mit den Fingern nach außen biegt, ein logischer Trick, den aber offenbar nur wenige kennen. Das Hemd soll grundsätzlich langärmelig sein, was nicht unbedingt für Blusen gilt. Der Kragenknopf bleibt geschlossen. Wenn der Hemdenträger blau anläuft, ist spätestens der Zeitpunkt für den Kauf von Hemden der nächstgrößeren Kragenweite gekommen. Das muss ein Managergehalt aushalten, wenn schon ein Abspecken nicht infrage kommt. Dasselbe gilt für den mittleren Jackettknopf, der nur beim Sitzen geöffnet wird. Auf die richtige Größe des Anzugs oder des Kostüms wird Wert gelegt, wenn der Träger nicht wie eine gestopfte Leberwurst aussehen will. Viele Führungskräfte wachsen mit ihren Aufgaben, geistig und leider oft auch körperlich. Nur die Anzüge und Hemden wachsen nicht mit ... Mickymaus-Schlipse sollten dort getragen werden, wo sie Zustimmung finden: auf Kindergeburtstagen. Sie passen nicht zu einer Vorstands- oder Aufsichtsratssitzung, wenn es auch dort manchmal wie im Kindergarten zugeht. Viele Männer haben Probleme mit der richtigen Länge der Krawatte. Endet die Krawatte schon über der Bauchmitte oder erst über der Mitte des Hosenschlitzes, so sieht das lächerlich aus. Wird der zu lange Schlips in die Hose gestopft, präsentiert der Träger deutlich, dass er zwar die missliche Situation erkannt hat, aber zu bequem war, die Krawatte neu zu binden. Richtigerweise endet die Krawattenspitze zwischen Oberkante und Unterkante der Gürtelschnalle – übrigens ist ein Gürtel Pflicht! Da nicht alle Krawatten die gleiche Länge haben, wird mehrfaches Binden bis zur richtigen Länge unvermeidbar sein.

Korrektes Aussehen kostet Mühe, macht sich aber bezahlt!

Vor einem schier unlösbaren Problem stehen Betroffene mit einem dicken Bauch. Hier baumelt der Schlips auch in richtiger Länge in gehörigem Abstand vor der Gürtelschnalle frei in der Luft. Bei geschlossenem Jackett kein Problem.

Damenschmuck wirkt schön und angemessen, wenn er nicht zu auffällig ausfällt. Herrenschmuck sollte sich auf eine schöne Uhr beschränken, die durch ihren Wert beeindruckt, nicht durch eine bunte Bebilderung des Ziffernblatts. Herrenringe sind Geschmackssache. Rundhosen sind für Herren nicht angebracht, auch wenn sie früher einmal eine Bügelfalte besaßen, weiße Socken sind schlimm. Die Sockenfarbe sollte schwarz sein oder der Farbe des Anzugs entsprechen. Die Socken sollen so lang sein, dass bei übereinander geschlagenen Beinen zwischen Socken und Anzughose keine stacheligen, weißen Beine hervorleuchten. Damen tragen grundsätzlich Strümpfe. Das wird im Sommer nicht unbedingt angenehm sein, Schönheit und Gepflegtheit kosten leider ihren Preis. Speziell an gepflegten Fingernägeln und an gepflegten Schuhen erkennt man die gepflegte Person. Das Rundfeilen der Fingernägel und ein Entfernen unschöner Nagelhaut stehen auch dem Mann gut an. Abgelaufene, schiefe Schuhabsätze, nicht täglich geputzte Schuhe und Ziehharmonikaschuhe sind beim Straßenfeger akzeptabel, nicht bei einer Führungskraft. Angebracht sind Schnürschuhe, Slipper sind grundsätzlich zu salopp.

Die Welt des gestandenen Managements ist eben konservativ!

Im Sommer oder bei heißen Diskussionen bleibt es nicht aus, dass manch einer ins Schwitzen gerät. Das ist normal. Unnormal, unnötig und für die Mitmenschen unzumutbar sind aber dabei verbreitete üble Schweißgerüche. Wie lässt sich das vermeiden? Nun, frischer Schweiß an sich stinkt nicht, am leichtesten festzustellen in der Sauna, in der jemand schwitzt, der sich vorher frisch gewaschen hat. Es stinkt jedoch alter Schweiß von gestern, am Körper oder in Hemd oder Bluse, Unterwäsche, der durch neuen Schweiß zu neuem Leben erweckt wird und dann seine volle Geruchspracht entfaltet. Zu einer Führungspersönlichkeit gehören tägliches Duschen, die frische Unterwäsche und das tägliche frische Hemd oder Bluse und Strümpfe, unterstützt durch ein unaufdringliches Deo. Bei demjenigen, der unter den Armen schwitzt, sind Schwitzflecken unvermeidbar. Weiße Hemden und Blusen, bei denen dann Flecken weniger auffällig sind als bei blauen oder sonstigen farbigen, sind dann empfehlenswerter. Beim Mann macht sich Rasierwasser aus diversen Gründen vorteilhaft, aber nicht, wenn er damit wie ein ganzer Parfümerieladen riecht.

Das Auftreten

Der erste Eindruck ist entscheidend!

Die subjektive Beurteilung einer Person fällt beim ersten Zusammentreffen in Sekundenschnelle. Das geschieht beim Betrachter unterbewusst. Die Kenntnis darüber, was diese subjektive Beurteilung beeinflussen kann, ist für eine Führungskraft unerlässlich, die ihr Umfeld prägen will und eine Basis für ihr weiteres Fortkommen schaffen will.

Wer von Natur aus durchschnittlich gut aussieht hat große Vorteile, der außergewöhnlich gut aussehende männliche Schönling dagegen nicht. Ihm wird ein hoher Eindruck auf Frauen zugetraut aber keine gesteigerte Leistungs- und Führungsfähigkeit. Sowohl die unvorteilhafte Natur als auch eine auffallende Bevorzugung der Natur lassen sich ausgleichen. Der nach oben strebende Schönling kann durch eine einfache Frisur und durch eine betont konservative Kleidung seinen »Nachteil« wettmachen. Er muss dafür sorgen, dass er seine Schönheit auf keinen Fall noch mit wallenden Haaren und bunter Kleidung unterstreicht. Der von Natur aus Benachteiligte kann seinen Nachteil durch besonders gepflegte Kleidung und Frisur ausgleichen. Die Investition in edle Stoffe und bei figürlichen Problemen in einen Maßschneider kann hochrentierlich sein. Kurzum, die natürlichen Nachteile dürfen keinesfalls künstlich verstärkt werden. Leider sieht man gerade das allzu oft.

Genauso wichtig wie durch das äußerliche Aussehen wird der erste Eindruck durch den Sympathiefaktor beeinflusst. Sympathie wird zu allererst durch den Gesichtsausdruck erzeugt. Dem miesgrämig dreinblickenden Zeitgenossen mit hinuntergezogenen Mundwinkeln wird weniger Sympathie entgegengebracht als dem freundlich Lächelnden.

Die Sicherheit im Auftreten darf als weiterer Faktor, der den ersten Eindruck stark beeinflusst, nicht vernachlässigt werden. Nicht zu schüchtern und nicht zu forsch heißt die Devise. Die Glücklichen, denen gutes Benehmen, angemessene Dresscodes und Bildung schon vom Elternhaus mitgegeben wurden, können bei geschäftlichen Begegnungen locker die Gelassenheit an den Tag legen, die ein sicheres Auftreten ausmacht. Nicht umsonst stammen fast achtzig Prozent der Mitglieder in deutschen Vorständen aus gehobenen Verhältnissen. Ungeübte, denen die Sicherheit nicht im Blut liegt, müssen sich bewusst mit den Sicherheit ausstrahlenden Faktoren auseinandersetzen. Für sie gibt es Chancengleichheit erst, wenn sie die Nachteile der kleinbürgerlichen Geburt durch ernsthaftes Anlernen fehlender Eigenschaften ausgeglichen haben. Nicht zuletzt geben Bücher wie das vorliegende hierzu wichtige Hinweise.

Gesellschaftliche Anlässe

Zur Akzeptanz einer Führungspersönlichkeit gehört Stil, in der Kleidung, in den Umgangsformen und in einem sicheren Auftreten in der Öffentlichkeit. Dieser Stil der Führungskraft wird auf die Probe gestellt, wenn sie Geschäftsgäste zu Arbeitsessen in ein Restaurant einlädt. Wer gute Tischsitten nicht kennt, fällt entweder in der Beurteilung als Persönlichkeit durch oder er muss sich darin einlesen und einüben. Man kann auch viel durch die Beobachtung von Leuten in guten Restaurants lernen. Überhaupt sollte die Führungskraft sich in der Atmosphäre eines guten Restaurants auskennen und sich dort ungezwungen bewegen können. Dazu hilft es, wenn man sich auch privat dort ab und zu aufhält. Zu einer guten Gastfreundschaft gehört es, Geschäftsgäste nicht in billige oder Schnellrestaurants einzuladen.

Gute Tischmanieren lassen sich mit gutem Willen schnell erlernen. Problematischer wird es bei der Auswahl angemessener Tischgetränke. Zu einem gepflegten Essen gehört auf jeden Fall das Anbieten eines guten Weines. Das kann problematisch sein, weil hierzu Erfahrung gehört. Für Unerfahrene deshalb hier einige wenige Tipps, die helfen, Fehler zu vermeiden. Welcher Wein passt zu welchem Essen? Die Grundregel gilt nach wie vor: Weißwein zu hellem

Fleisch und Fisch, Rotwein zu dunklem Fleisch. Essen die Gäste Unterschiedliches oder passt zur Vorspeise ein anderer Wein als zur Hauptspeise, werden auch unterschiedliche Weine geordert. Zum Wein sollte immer auch Wasser angeboten werden. Roséwein bestellen meistens nur Leute, die sich nicht entscheiden können oder kaum Weinerfahrung haben. Fast alle Weinkarten sind nach Weinländern oder Weinregionen geordnet. Für diejenigen, die sich nicht auskennen, hier eine Kurzauswahl von Weinen, die in den meisten Weinkarten zu finden sind:

• Weißwein	• Land Frankreich	• Gebiet Loire • Gebiet Burgund	• Weinname: **Sancerre** • Weinname: **Chablis**
• Rotwein	• Land Italien	• Gebiet Piemont • Gebiet Toskana	• Weinname: **Barolo** • Weinname: **Chianti**

Mit diesen Weinen, die relativ einfach auf Weinkarten zu finden sind, kann man keinen Fehler machen. Sollten diese Weine ausnahmsweise nicht auf der Weinkarte vorhanden oder zu teuer sein, empfiehlt es sich, bei Weißweinen unabhängig von der Region und dem Weinnamen einen trockenen Wein der Rebsorte Riesling oder besser noch Chardonnay auszuwählen oder zu erfragen. Beim Rotwein greife man zum Cabernet Sauvignon. In einem guten Restaurant werden alle diese Weine unabhängig vom Preis gut sein. Bei Alternativen ist der Preis der Qualitätsmesser. Natürlich gibt es auch gute und beste deutsche Weine. Wegen der größeren Qualitäts- und Geschmacksunterschiede sollte man diese aber möglichst kennen, bevor man sie bestellt.

Wenn bei einem Essen zu zweit der Gast andeutet, dass eine ganze Flasche Wein zu viel sein könnte, kann auch ein offener Wein in einer Karaffe zu einem halben Liter oder zwei

Viertel bestellt werden, obwohl sich das nicht so stilvoll macht. Vor der Bestellung wird üblicherweise ein Aperitif, wie ein Glas Sekt oder Champagner, Sherry oder Campari, angeboten. Das ist aber keine Pflicht. Das entsprechende Angebot eines Kellners kann man durchaus ablehnen und gleich schon Mineralwasser bestellen, das während der ganzen Mahlzeit zusätzlich zum Wein getrunken und gegebenenfalls nachbestellt werden kann.

Im Gegensatz zum Wasserglas werden das Wein- und auch das Sektglas grundsätzlich nur am Stiel angefasst. Die Hand am Kelch wirkt stillos und kann leider zu oft bei Führungskräften angetroffen werden, die es eigentlich wissen sollten, ein Disqualifikationskriterium. Das Probieren der ersten Tropfen aus einer Weinflasche, vom Ober in das Glas des Gastgebers gegossen, dient ausschließlich dem Test, ob der Wein keinen Fehler hat und z. B. nicht nach Kork schmeckt. Der Test dient nicht der Frage, ob der gewählte Wein gefällt. Der Kenner unterlässt es deshalb, beim Test den Wein zu beurteilen. Er bekundet dem Ober nur, dass der Wein in Ordnung ist. Überschwängliche Geschmacksbeurteilungen deuten nur darauf hin, dass der Besteller den Wein nicht kannte und nicht wusste, was da auf ihn zukommt.

Nachdem alle Weingläser gefüllt sind, fordert der Einladende die Gäste zum gemeinsamen Probieren auf. Als Gast wirkt es unhöflich, vorher das Glas zu erheben und zu trinken, es sei denn, der Gastgeber versäumt seine Pflicht. Nur Wasser kann unabhängig vom Gastgeber jederzeit getrunken werden. Ebenso beginnt der Gastgeber mit dem Essen und wünscht den Gästen einen guten Appetit, was gleichzeitig die Aufforderung für alle bedeutet, mit dem Essen zu beginnen. Bei den weiteren Gängen warten die Gäste so lange, bis der Gastgeber anfängt. Während des Essens wird vor dem

Trinken der Mund mit der Serviette abgetupft, damit der Glasrand nicht zum Fettrand wird. Es sollte nicht versäumt werden, nach dem Essen Kaffee anzubieten. Ein Digestif, wie z. B. Cognac, Grappa oder Obstwasser, kann angeboten werden, muss aber nicht.

Die einladende Führungskraft hat – nicht nur – bei Tisch die Aufgabe ein Gespräch in Gang zu bringen und zu halten. Wenn nicht unbedingt dienstliche Angelegenheiten besprochen werden müssen, geht es um Smalltalk. Themen wie aktuelle Geschehnisse, Urlaub, Kinder, Hobbys, Autos und Sport bringen immer ein Gespräch in Gang. Vorsicht bei Politik und Religion. Diese Themen können leicht verfänglich sein und dem Gespräch eine unangenehme Wendung bringen. Sport interessiert, sollte aber nicht zu einseitig sein. Insbesondere Golfspieler neigen dazu, dieses Thema so zu vertiefen, dass es schnell für Liebhaber »profanerer« Sportarten langweilig wird.

Der Gastgeber sorgt für die Tischordnung und lässt nicht jeden ungeordnet Platz nehmen wo er will oder es die Situation gerade zulässt. Der ranghöchste oder älteste Gast sitzt rechts neben dem Gastgeber, der nächste im Rang links neben ihm. Haben die Herren ihre Damen dabei, so nehmen die Damen diese Plätze ein. Es dient der Auflockerung der Tafel und der Tischgespräche, wenn Damen und Herren oder Gäste und Kollegen des eigenen Unternehmens in abwechselnder Reihe platziert werden. Ehepaare kann man ruhig auseinander setzen. Die Dame, die rechts neben einem Herrn sitzt, ist dessen Tischdame. Das bedeutet, dass er sich als deren Tischherr um die Unterhaltung zu kümmern hat.

Erfolgt eine Einladung der Führungskraft mit oder ohne Partner zu einem Galadiner, sind vom Gastgeber in der

Regel Tischordnungen vorgegeben. Erreicht man den zugewiesenen Tisch, begrüßt man die schon anwesenden Gäste mit Handreichung und stellt sich unbekannten Gästen vor.

Es können ganz unterschiedliche Charaktere von Unterhaltern unterschieden werden:

- der ununterbrochen Redende
- der Zuhörer
- der Mittlere.

Am besten verstehen sich die »Mittleren«, die sowohl eine Unterhaltung führen aber genauso gut zuhören können. Sie führen eine gut ausgewogene Unterhaltung. Die Unterhaltung wird auch gut sein, wenn Redner und Zuhörer zusammentreffen, zumindest wenn der Redner interessante Themen anspricht. Die Unterhaltung nimmt einen unerfreulichen Verlauf, wenn zwei Redner zusammenkommen. Der eine will natürlich den anderen übertrumpfen und keiner hört keinem zu. Das Beisammensein von zwei Zuhörern stört die Ruhe in einem Saal kaum.
Die Höflichkeit gebietet es, Interesse am Gesprächspartner zu zeigen. Darauf hat eine Führungskraft zu achten! Es geht nicht an, dass die Führungskraft z. B. danach gefragt wird, ob sie Kinder hat und nach der Antwort nicht dieselbe Frage erwidert. Ein häufiger Fehler, den der Verursacher gar nicht bemerkt. Das stellt eine Achtlosigkeit dar, die vom Gesprächspartner nicht zu Unrecht als Missachtung empfunden wird.

Als Eingeladener nörgelt man nicht am Essen oder den Getränken herum!

Kritik trifft nicht nur den Gastwirt oder die Bedienung – was vielleicht angebracht wäre –, sie trifft auch den Gastgeber, der für die Fehler nichts kann. Also, Kritik verkneifen und es dem Gastgeber überlassen, ob und wie er sie äußert. Auch wenn der Gastgeber nach der Zufriedenheit fragt, ist es angebracht sich mit Kritik zurückzuhalten. Es macht sich besser, gegebenenfalls die Zustimmung verhaltener als normal zu äußern.

Weitere Qualifikationsmerkmale

Die Qualifikation einer Führungskraft zeigt sich wesentlich in ihrer Durchsetzungsfähigkeit. Spürt die Führungskraft, dass es ihr an Energie und Durchsetzungskraft mangelt, sollte sie sich Erkenntnisse aus der Sportpsychologie zu Nutze machen. Speziell, aber nicht nur bei Tennisspielern sieht man häufig zweierlei: Bei einem erfolgreichen Schlag ballen sie die Faust, verbunden mit einem starken Ausruf, z. B. »jaah«. Das mentale Erfolgsgefühl verstärkt sich dadurch und gibt Zuversicht für kommende Aktionen. Bei misslungenen Schlägen stehen sie auf dem Platz und vollziehen den Schlag schulbuchmäßig richtig in einer Trockenübung noch einmal nach. Der Sinn liegt darin, das Vorgehen bei einer falschen Handlung sich nicht im Geiste festsetzen zu lassen. Umgemünzt auf Führungskräfte mit mangelnder Durchsetzungskraft gilt die Empfehlung, gleichzeitig mit der mentalen Vorstellung »Das will ich durchsetzen« die Faust zu ballen und auf Tisch oder gegen Türrahmen oder sonstige haltbare Gegenstände zu schlagen. Auf Dauer zeigt sich Wirkung und führt positive Veränderungen herbei. Dabei noch ein Hinweis: Die Wirkung erfolgt auch, wenn man bei dieser Übung allein ist! Durchsetzungswille und Durchsetzungskraft lassen sich bei Mitarbeitern nur gut umsetzen, wenn

Argumente nicht mit nüchternen Worten rübergebracht werden, sondern angemessen emotional: Begeisterung reißt mit, Niedergeschlagenheit und Resignation stecken an, Sympathie weckt Sympathie. Emotionen wirken meist stärker als Argumente. Wer diese Wirkung erfahren hat, versucht vor wichtigen Gesprächen und Vorträgen die passende Emotion, die rübergebracht werden soll, bei sich zu produzieren! Der Erfolg aller großen Dialektiker beruht auf dieser Strategie.

Wer Mitarbeiter zum Erfolg führen will, muss Emotionen produzieren!

Eine echte Führungspersönlichkeit demonstriert ihre Souveränität nicht mit Überheblichkeit, sondern mit einer natürlichen Freundlichkeit gegenüber jedermann. Sie ist sich nicht zu schön, die Putzfrau, die ihr auf dem Gang entgegenkommt, zuerst zu grüßen und ein paar freundliche Worte mit ihr zu wechseln. Gerade Freundlichkeit bedeutet heute ein besonderes Service-Qualitätsmerkmal. Wer hat sich noch nicht über unfreundliche Behandlung im Restaurant, im Supermarkt oder im Kaufhaus geärgert? An wem liegt es? Nur am unfreundlichen Personal? Nein! »Der Fisch fängt vom Kopf das Stinken an.« »Wie der Herr, so 's Gescherr.« Die Freundlichkeit der Führungskraft soll überspringen auf die Mannschaft. Das geschieht aber nicht unbedingt von selbst. Die Führungskraft muss ihrem Wunsch nach allgemeiner Freundlichkeit Ausdruck verleihen und Unfreundlichkeiten tadeln. Freundlichkeit kann ein nicht zu verachtendes Wettbewerbskriterium sein.

Nicht überheblich und freundlich sein führt zu einer entspannten Gelassenheit, die hilft, Stress-Situationen zu vermeiden. Gelassenheit bedeutet auch, sich selbst nicht so wichtig zu nehmen. Auch die beste Führungskraft kann ersetzt werden. Die meisten, die das nicht geglaubt haben, liegen auf dem Friedhof. Der gute Manager ist souverän. Er muss sich nicht mit vordergründigen Maßnahmen unersetzlich machen. Im Gegenteil, er sorgt dafür, dass der Betrieb auch ohne ihn für längere Zeit weiterlaufen kann und er sorgt bei entsprechendem Alter rechtzeitig für einen Nachfolger. Er zeigt die Stärke, unverständliche Zusammenhänge immer nachzufragen und Wissenslücken preiszugeben. Diese schließen sich damit schneller als bei jemandem, der glaubt, mit Wissenslücken Schwächen preiszugeben. Nachfragen erhöht den Wissensstand, auch das Nachfragen bei Mitarbeitern oder bei Auszubildenden, wenn es um Gebiete geht, auf denen sie versierter sind. Die strebsame Führungskraft lernt ein Leben lang. Der erste Blick geht nach oben, zu den höher stehenden Führungskräften. Von diesen gibt es viel zu lernen, wenn es oft auch lediglich Erkenntnisse darüber sind, wie man es nicht machen sollte.

Je mehr Informationen eine Führungskraft hat und je mehr sie die Zusammenhänge versteht, desto realistischer wird ihre Sicht der Dinge. Ohne umfassende Informationen und Kenntnis der Zusammenhänge neigen Führungskräfte dazu, sich Situationen zurechtzulegen oder -zudenken. Bei einer richtigen Entscheidung heißt es:

Man muss die Dinge so sehen, wie sie sind!

Wenn ein Mitarbeiter schlechte Arbeit leistet, leistet er schlechte Arbeit und nichts anderes. Schönreden bringt nichts. Wenn das Jahresergebnis der Gesellschaft unter dem Marktdurchschnitt liegt, muss alles daran gesetzt werden, im nächsten Jahr bessere Ergebnisse zu erzeugen. Lange nach fadenscheinigen Rechtfertigungen zu suchen, lenkt in die falsche Richtung. Wer etwas zu vertuschen sucht, gerät in Stress.

Stress-Situationen entstehen aber nicht nur dadurch. Sie entstehen auch in schwierigen Situationen und bei Arbeitsüberlastung. Zur Stressbewältigung gibt es gute Methoden, die in Kursen erlernbar sind. Auch ohne Kursus kann eine Konzentration auf Muskelentspannung Stress entschärfen. Wer sich in Stress-Situationen einmal selbst beobachtet, erkennt eine Anspannung seines Körpers. Schon beim Autofahren im Straßenverkehr verkrampfen die Gesichtsmuskeln, was bei längeren Stress-Situationen durchaus zu Kopfschmerzen führen kann. Gesichtsmuskeln kann man bewusst in jeder Situation entspannen. Eine Muskelentspannung bewirkt spürbar auch eine mentale Entspannung. Wenn die Muskelentspannung vom Kopf über das Gesicht auf Arme, Hände und Beine ausgedehnt wird, erhöht sich der Effekt ungemein. Die entspannende Wirkung kann durch häufiges Training noch wesentlich verstärkt werden.

Die Fachqualifikation

Die Fachqualifikation kann eine hervorragende Führungsvoraussetzung sein. Leider wird sie bei der Besetzung von Führungspositionen überbewertet. Eine qualifizierte Fachkraft ohne Führungserfolg und Biss wird nie eine akzeptable Führungskraft werden. Nicht nur, aber besonders oft bei beförderten qualifizierten Fachkräften erkennt man, dass sich das »Peter-Prinzip« verwirklicht (jeder steigt so lange auf, bis er die Stufe seiner Unfähigkeit erreicht hat). Fachkräfte erreichen die Stufe ihrer Unfähigkeit häufig schon bei ihrer ersten Beförderung. Vielen fehlt der Biss. Erfolg ist erlernbar, Biss muss man in sich haben.

Reine Fachkräfte, die zu Führungskräften befördert wurden, sind und bleiben leider oft Amateure und Glücksritter!

Warum lässt sich das kaum ändern? Zum größten Teil liegt das an mangelhaften Schulungsmöglichkeiten auf Grund unqualifizierten Schulungspersonals. Führungskräfte, die führen können, praktizieren Führung. Sie stehen nicht als Schulungspersonal zur Verfügung. Schulungskräfte, die nicht wirklich führen können, schulen. Amateure schicken ihre Mitarbeiter zu ungeeigneten Schulungen, weil sie es selbst nicht besser wissen. Qualifizierten Führungskräften fehlt die Zeit, die wenigen qualifizierten Schulungsangebote ausfindig zu machen. Damit potenziert sich das naturgegebene Unvermögen. Ein Teufelskreis, der kaum durchbrochen werden kann.

Und ganz bestimmt helfen nicht die »Sie können alles erreichen«-Seminare von hoch verdienenden Seminar-Gurus. Diese Seminare eignen sich mehr zur Stimmungsmache für Außendienstmitarbeiter, nicht für Führungskräfte.

Der Pförtner wird nicht zum Vorstandsvorsitzenden, auch wenn er nach einem Barfußlauf über glühende Kohlen daran glaubt!

Der Führungsstil

Die Diskussionen und Meinungsstreite um den richtigen Führungsstil treffen alle nicht den richtigen Punkt:

Wichtig sind die Ergebnisse, nicht der Führungsstil!

Ob demokratisch oder autoritär, das ist vollkommen egal, wenn die Resultate stimmen. Bei der Suche nach dem richtigen Führungsstil wird die viel wichtigere Konzentration auf das Geschäftsergebnis zu oft vernachlässigt.

Nichts war in den letzten Jahren so sehr der Mode unterworfen wie der Führungsstil. Tugenden wie Effizienz, Konsequenz, Ordnung, Ehrlichkeit, Zuverlässigkeit und Pünktlichkeit gerieten aus dem Fokus. Das Augenmerk richtete sich auf fremdartige Begriffe wie Lean Management, just in time, Total Quality Management, Kaizen, Business Reengineering usw. Je fremdartiger, desto besser und interessanter. Als ob sich japanische Managementtheorien, die auf asiatische Mentalität und Verhältnisse abgestimmt sind, ohne weiteres auf deutsche oder europäische Unternehmen übertragen ließen, und dann noch nicht einmal wie in Japan auf bestimmte z. B. Förderbandindustrien beschränkt bleiben, sondern sogar noch in Dienstleistungsbetrieben angewandt werden. Auf die aus Amerika kommenden »Management by ...«-Techniken soll hier nicht im Detail eingegangen werden.

Wie in vielen Wissensbereichen kann auch bei den Führungsmethoden beklagt werden, dass Bewährtes und Althergebrachtes grundsätzlich nichts mehr gilt. Seit Urzeiten wird Führung in der Familie und beim Militär praktiziert. In beiden Bereichen hat sich der autoritäre Führungsstil ergeben, durchgesetzt und erhalten. Experimentiert wurde zeitweise lediglich in der Familie, als ein antiautoritärer Erziehungsstil propagiert wurde, der sich natürlich nicht durchsetzen konnte. Im schulischen Bereich gab es die Mengenlehre, die eine Wissensvermittlung nicht mehr bausteinmäßig aufbaute, sondern ganzheitlich. Die Mengenlehre ist kläglich gescheitert. Unbelehrbare Neunmalkluge forcieren ähnliche Methoden beim Erlernen von Fremdsprachen mit dem Hinweis, dass ja auch Kleinkinder ihre Sprache ohne jede Grammatikregel lernen. Der Höhepunkt ist dann noch die Behauptung, mit einer Ganzheitsmethode sei Sprachen lernen wie im Schlaf möglich. Natürlich kann man Kleinkindern die Sprache nicht mit Grammatikregeln beibringen, weil sie Regeln noch nicht begreifen können. Daraus aber einen auf die Erwachsenenbildung ableitbaren Vorteil abzulesen ist einfach absurd. Vorhandene Regeln nicht erkennen zu wollen ist ein Nachteil, der das Lernen schwieriger und nicht einfacher macht. Das Erkennen von Regeln erleichtert die Wissensaufnahme ungemein.

Keine nennenswerten Experimente gibt es bei der militärischen Führung. Weltweit erfolgt die Führung autoritär. Warum? Es geht im Ernstfall um Menschenleben und mit Menschenleben experimentiert man nicht. Genau dasselbe gilt in der Luft- und Raumfahrt sowie in der Seefahrt, was sich nicht zuletzt auch in den militärischen Rangordnungen in diesen Bereichen widerspiegelt.

Die Führungstheoretiker

Es soll in diesen Ausführungen nicht auf die vielfältigen, mehr der Verwirrung dienenden und manchmal auch unsinnigen theoretischen Führungsmethoden eingegangen werden. Immer häufiger melden sich hierzu Leute zu Wort, die selbst nie geführt haben und gar nicht führen können. Ihre Inkompetenz verstecken sie hinter aufwändig aufgebauten Theoriegebäuden. Über strategische Managementmodelle wurde in der Vergangenheit schon so unglaublich viel geschrieben und gelehrt, dass zumindest in großen

Unternehmen mit geordneten Schulungsplänen für ihre Führungskräfte nur perfekte Manager zu finden sein müssten.

Was vielfach fehlt, sind praktische Hinweise von Managern, die bewiesen haben, dass sie erfolgreich führen können!

An diesen Managern aber fehlt es. Nach der Blütezeit der erfolgreichen Unternehmenspraktiker in den Nachkriegsjahren wurde in den sich immer mehr aufblähenden Hochschulstudiengängen eine Managergeneration durch reine Theoretiker herangezogen, für die ein gutes Examen Voraussetzung war, um überhaupt in Führungskreise vorzustoßen. Die wichtigsten Voraussetzungen, nämlich Führungspersönlichkeit und Führungsfähigkeit, werden aber an Hochschulen kaum gelehrt. Damit hat sich zwangsweise eine zweite Fehlentwicklung eingestellt. Jeder Manager sucht bei der Auswahl seiner Führungskräfte möglichst sein Ebenbild. Damit potenzieren sich eingetretene Fehler.

Nicht weniger problematisch als die Führungsausbildung an den Hochschulen sind Führungsseminare. Auch auf diesem Gebiet sind viele von jeglicher Praxis unbeleckte Theoretiker zugange, seien es Psychologen, abgebrochene, erfolglose Führungskräfte oder Mitarbeiter in Schulungsabteilungen. Es tut weh mit anzusehen, welcher Schaden hier bei jungem Führungsnachwuchs mit guten Anlagen angerichtet wird. Zu oft erkennt man nicht, dass dabei oft Führungstheorien vermittelt werden, die der Führungsphilosophie des Unternehmens in keiner Weise entsprechen, wenn das Unternehmen denn eine solche überhaupt hat. Aber selbst wenn nicht, sollte der verantwortliche Vorgesetzte auf jeden Fall wissen, was sich genau auf einem Führungsseminar abspielt und entscheiden, ob er diese Schulung für seine

Führungsnachwuchskräfte will. Wer Unsicherheit bei dieser Entscheidung spürt, sollte sich zumindest den Werdegang des Schulungsleiters ansehen und daraufhin abchecken, ob eine erfolgreiche Führungspraxis nachgewiesen wird. Übrigens garantieren große Namen dafür nicht unbedingt.

Was passiert, wenn eine unqualifizierte Führungscrew erkennt, dass die notwendigen Erfolge ausbleiben? Sie engagiert eine Unternehmensberatungsgesellschaft mit einem möglichst wohlklingenden Namen. Aber auf wen trifft man hier als Berater? Es sind in der Regel dynamische Jungberater mit Prädikatsexamen. Nachdem sie das Unternehmen auf den Kopf gestellt und hohe, natürlich erfolgsunabhängige Honorare kassiert haben, tauchen sie wieder ab. Wenn dann festgestellt wird, dass sich mit den eingeführten Neuerungen auch kein besserer Erfolg einstellt, kehrt der alte, erfolglose Alltag wieder ein.

Vorsicht!
Ein Management, das externer Hilfe bedarf, offenbart oft ein Qualitäts- und Führungsdefizit.

Denn die Aufgaben, die der Unternehmensberater übernimmt, sind vielfach ureigene Aufgaben des Managements, für deren Erfüllung das Management bezahlt wird. Andererseits kann ein guter Berater natürlich vorhandene Kompetenzlücken sinnvoll auffüllen.

Der personenorientierte und der erfolgsorientierte Führungsstil

Bei diesen Ausführungen erfolgt eine Beschränkung auf die Unterscheidung der beiden in der praktischen Tagesarbeit wichtigsten Führungsstile: den ***personenorientierten (demokratischen)*** und den ***erfolgsorientierten (autokratischen)*** Führungsstil. In der Praxis gibt es keine absolute Trennung zwischen diesen beiden Führungsstilen. Abhängig von der Führungskraft und von einer jeweiligen Situation vermischen sich beide, aber der Schwerpunkt, die Orientierung, liegt fest.

In der modernen Zeit ist »Demokratie« ein Schlagwort, auf das die meisten sofort anspringen, und kaum jemand zeigt sich bereit, den Wert situativ zu überprüfen. Das vernünftige und im deutschen Handelsrecht sogar ausdrücklich festgesetzte Ziel der Gewinnerzielung für ein kaufmännisches Unternehmen tritt in den Hintergrund, ja manchmal gewinnt man den Eindruck, dass allein die Erwähnung des Gewinnzieles und damit eine Erfolgsorientierung schon als unanständig gelten. Das gilt genauso für Ersatzbegriffe wie z. B. Shareholder Value. Wen wundert's, wenn Turnschuhmanager, die diese Begriffe verachten, erfolglos bleiben?

Was kennzeichnet einen personenorientierten, demokratischen Führungsstil?
Der Hauptakzent beim demokratischen Führungsstil liegt darauf, die Mitarbeiter als menschliche Wesen zu sehen, ihnen am Arbeitsplatz ein Höchstmaß an Freiraum zu gewähren und Zielvorstellungen durch Überzeugungskraft zu realisieren. Die Führungskraft versucht die Mitarbeiter als Freunde zu gewinnen und ihr Handeln auch darauf auszurichten, dass es ihren Mitarbeitern gefällt.

Lässt sich damit die Devise des Managements erfüllen, Mitarbeiter anzuspornen produktiver zu sein?
Nein! Diese Handlungsweise ist kompliziert, führt zu Unschlüssigkeiten und verzögert notwendige Maßnahmen. Die Führungskraft traut sich nicht, richtig zu führen, alle sollen mit entscheiden.

Der Manager soll aber nicht der gute Freund sein, sondern eine integre Führungspersönlichkeit, die von ihren Mitarbeitern anerkannt wird!

Zeigt sich der Manager als starke Führungskraft, sind Sorgen unnötig, ob seine Entscheidungen seinen Mitarbeitern gefallen oder nicht. Seine Mitarbeiter werden ihn akzeptieren und respektieren.

Wie handeln die unterschiedlichen Führungstypen, um ein Projekt durchzuführen?
Der Demokrat ruft seine Leute zusammen, gibt das Ziel des Projektes bekannt und lässt sich von den Mitarbeitern Vorschläge zur Zielerreichung machen. Mit Geduld und Zeit prüft er alle Vorschläge sorgfältig. Gemeinsam wird dann ein Plan entworfen, der vom Team durchgeführt wird. Dabei hat das Team alle Freiheiten. Die Führungskraft steht beratend zur Seite und gibt Hilfestellung. Die Mitarbeiter arbeiten und entscheiden selbstständig. Die Führungskraft geht davon aus, dass die Mitarbeiter motiviert sind und es keiner Kontrolle bedarf.

Der Autokrat legt den Aufgabenbereich jedes Mitarbeiters fest und ruft die Gruppe zusammen. Er beschreibt das Ziel und skizziert im Groben den Weg. Auch diskutiert er mit der Gruppe, aber in engen Grenzen. Im Prinzip schreibt er den Weg vor. Während der Ausführungsphase achtet er ständig auf Nähe. Er akzeptiert gute Vorschläge, lässt sich aber nicht von seinem Weg abbringen.

Welcher Führungsstil ist erfolgreicher?
Viele praktische Studien haben ergeben, dass straff geführte Arbeitsteams eine Arbeit schneller und besser erledigen, deshalb mit ihrem Erfolg zufriedener sind und der Führungskraft mehr Respekt entgegenbringen. Amerikanische Untersuchungen haben gezeigt, dass selbst unter Mitarbeitern, die ein großes Maß an Freiheit bei ihrer Arbeit bevorzugen, eine Mehrheit die Führungskraft favorisiert, die die Arbeit straff organisiert. Für die Mitarbeiter ist ein demokratischer Führungsstil nicht unbedingt gleichbedeutend mit Freiheit, oft wird sie mit mangelndem Interesse seitens der Firmenleitung gleichgesetzt. Häufig ist das Phänomen festzustellen, dass Mitarbeiter, die mit einem straff organisierenden Chef zusammenarbeiten, ihre Arbeit nicht nur besser erledigen, sondern auch ein besseres Verhältnis zu ihrer Führungskraft haben. Gefragt sind Führungskräfte, die klar und deutlich kundtun, was zu machen ist.

Führen muss man spüren!

Dort, wo der Freiheit und der Mitbestimmung durch die Mitarbeiter ein großes Gewicht beigemessen wird, übersieht man oft, dass der Manager in den meisten Fällen schneller und effektiver denkt und arbeitet als andere. Warum wurde jemand Führungskraft? Normalerweise weil er anderen überlegen ist. Die nicht so Fähigen zu stark an wichtigen Entscheidungen mitwirken zu lassen, bedeutet für die Führungskraft körperlichen Stress, der durch eine notwendige Selbstkontrolle und die Unterdrückung von natürlichen Impulsen noch wesentlich verstärkt wird. Die oft mühelose

Erkenntnis, dass Mitarbeiter sich mühsam und möglicherweise in die falsche Richtung fortbewegen, bedeutet für die Führungskraft eine physische Tortur, wenn sie dabei im Sinne demokratischer Freiheiten für die Mitarbeiter lange zusehen muss.

Unter den Führungskräften, die den demokratischen Führungsstil favorisieren, befindet sich die Mehrzahl der schwachen Führer,

hauptsächlich, weil sie keine Führungsfähigkeit oder keine Führungserfahrung besitzen. Sie vertreten mit schwammigen Begründungen einen »Laisser-faire-Stil«, bei dem man die Mitarbeiter einfach laufen lässt. Sie wissen einfach nicht, wie sie eine zielgerichtete Führung praktizieren sollen. Von ihnen wird der kooperative Führungsstil als Tarnbegriff für Entscheidungsschwäche und Verantwortungsscheu benutzt. Frust, Misserfolg und mangelnde Akzeptanz durch nachgeordnete Mitarbeiter sind die Folgen.

Nur in die falsche Richtung denkende Führungskräfte vermögen die übertriebene Demokratie im Betrieb noch zu steigern, wenn sie auf die Idee kommen, Mitarbeiter zu deren Gefallen und Wohl mit überflüssigen »Sandkastenspielen« zu beschäftigen. Das Erfinden und die notwendige Kontrolle dieser überflüssigen Arbeiten sind in jeder Hinsicht unproduktiv. Hinzu kommt eine Riesenverstimmung, wenn der Mitarbeiter dahinter kommt. Genauso sollte sich die Führungskraft vor Scheindiskussionen und vor der Erzeugung einer falschen Gruppendynamik hüten. Wenn ein fähiger Manager die richtige Lösung einer schwierigen Aufgabe schon kennt und lediglich mit einem Trick versucht, seine Mitarbeiter glauben zu machen, dass sie die Lösung allein gefunden haben, wird er oft außer Verärgerung nichts erreichen.

Wer schnelle und gute Ergebnisse erzielen will, muss seinen Schwerpunkt mehr auf Fakten, Wissen, Erfahrung und Fähigkeiten legen als auf Kommunikation.

Es kann nicht die vordringliche Aufgabe des Managers sein, eine besonders gute Beziehung zu seinen Mitarbeitern herzustellen. Er muss sie führen, unterweisen und kontrollieren. Damit werden er und sein Team erfolgreich, und der Erfolg macht alle zufrieden. Viele Befragungen belegen, dass gerade solche Führungskräfte von ihren Mitarbeitern den meisten Zuspruch erhalten, bei denen sie Kompetenz, Kraft und Mut spüren. Ihre Aura erzeugt eine positive Stimmung und es wird bei den Mitarbeitern sogar Stolz erweckt, mit einer solchen Führungskraft zusammenzuarbeiten und von ihr lernen zu können. Sie ist nicht bequem, sie führt durch Beispiel und auch durch Fordern. Aber der Mitarbeiter kann in ihrem Umfeld wachsen, er wird nicht durch aus Schwäche geborene Eifersüchteleien erdrückt, sondern er wird ermutigt.

Der erfolgsorientierte Manager führt kompetent, klar, glaubwürdig, oft auch rigoros, ist aber durchgängig verständlich!

In einem immer globaler werdenden Wettbewerb um Märkte und Marktanteile wird er seinen Mann stehen und überleben und mit ihm sein Unternehmen und seine Mitarbeiter. Er hat seine Mitarbeiter im Griff, keiner büxst aus, weil sie unter seiner Kontrolle stehen. Das erscheint in den Augen der Mitarbeiter nur vordergründig als Nachteil.

Selbst starke Führungskräfte in hohen Hierarchiestufen wollen kontrolliert werden. Kontrolle wird ja nicht nur als negativ empfunden. Sie bietet dem Kontrollierten auch die Gelegenheit, sich und seine Leistungen positiv darzustellen.

Keine Kontrolle bedeutet keinen Kontakt, kein Kontakt wird als kein Interesse ausgelegt.

Kein Interesse bedeutet »Zuneigungsentzug« und das heißt Bestrafung!

All das spielt sich überwiegend unterbewusst ab, deshalb ist die Kenntnis hierüber umso wichtiger.

Angemessen häufiger Kontakt zu den Mitarbeitern ist ein nicht zu unterschätzender Motivationsfaktor!

Damit ist nicht nur das Gespräch über belanglose Allgemeinheiten gemeint, sondern speziell das Interesse am Erfolg der Tätigkeit des Mitarbeiters.

Wesentliche Elemente einer offenkundigen und klaren Führung sind eine Klarheit im Denken, im Handeln und in den Aussagen.

Hierzu gehören unbedingt der Wille und die Fähigkeit, dann wenn es notwendig ist, Nein zu sagen. Ein kleines, klares Wort, vor dem sich viele schwache Führungskräfte scheuen. Es nicht auszusprechen, obwohl angebracht, vergrößert das Problem. Noch schlimmer wird es, wenn Ja gesagt wird, und Nein gemeint und angebracht ist. Sagen Sie nie Ja, wenn Sie Nein meinen! Man bringt sich so lange in eine problematische und unbefriedigende Situation, bis man das falsche Ja berichtigt hat. Daran kommt man kaum vorbei und zur Unzufriedenheit gesellt sich dann noch die Notwendigkeit, eine Schwäche offen zu legen. Warum?

In den meisten Angelegenheiten macht es Sinn, Anweisungen positiv zu formulieren: »Bitte erledigen Sie den Vorgang auf diese oder jene Art und Weise.« Das schafft eine vertrauensvolle Grundstimmung und ein gutes Klima, das sich regelmäßig bei einer richtigen Führung ergibt. Wenn aber ein Vorgang von Bedeutung beginnt, in eine falsche Richtung zu laufen, wird ein eindeutiges Verbot effizienter und eindringlicher sein als ein ermahnendes »tun Sie das«. Unerwünschte Verhaltensweisen lassen sich eher durch ein klares »Sie sollen nicht« als durch ein »Sie sollen« verändern. Es bringt nichts, um den heißen Brei herumzureden, um beliebt zu bleiben.

Dem Mitarbeiter muss klar und eindeutig gesagt werden, was er unterlassen soll und mit welchen Konsequenzen er rechnen muss, wenn er sich nicht ändert!

Was sind zusammengefasst die Elemente eines effektiven Führungsstils?

- **Man muss sich selbst darüber absolut im Klaren sein, was man vom Mitarbeiter erwartet.**
- **Hierzu beschafft man sich vorab alle notwendigen Informationen.**
- **Die Arbeit für die Mitarbeiter soll strukturiert vergeben werden. Jeder Mitarbeiter muss genau wissen und verstehen, was von ihm erwartet wird.**
- **Damit der Erfolg der Arbeit kontrollierbar wird, sollten die zu erreichenden Ziele quantifizierbar gemacht werden.**
- **Es macht Sinn, den Weg zum Ziel im Groben vorzugeben. Das hilft dem Mitarbeiter, seine Arbeit so gut und so schnell wie möglich zu erledigen.**
- **Der Fortschritt und der Erfolg der Arbeit sollen in angemessenen Abständen kontrolliert und bewertet werden.**

2. Führungspraktik für Jungmanager

- **Harte Detailarbeit**
- **Sich berichten lassen**
- **Motivation**
- Demotivation
- Unfaire Praktiken
- **Gesprächsführung**
- Taktisches Vorgehen bei wichtigen Gesprächen, Diskussionen, Vorträgen
- **Umgang mit schwierigen Mitarbeitern**
- Missbilligung
- Spezielle Situationen
- **Entscheiden**
- Kurze, schnelle Wege
- **Delegieren**
- Sinn und Unsinn der Teamarbeit
- **Anweisen**
- **Überzeugen**
- **Körpersprache**
- **Kontrollieren**
- **Feed-back**
- **Offene Information**
- **Mitarbeiterförderung**
- Der Stellenwechsel
- **Einarbeitung neuer Mitarbeiter**

Harte Detailarbeit

Ein gut geführtes Unternehmen oder ein gut geführter Arbeitsbereich funktioniert nicht deshalb gut, weil die Führungskraft und die Mitarbeiter sich zurücklehnen und ein gutes Leben führen.

Der Tod des guten Funktionierens heißt Oberflächlichkeit!

Oberflächlichkeit führt immer zu Zeitverzögerungen oder zu schlechten Ergebnissen. Deshalb kann sie keinesfalls geduldet werden.

Mitarbeiter, die oberflächlich denken oder handeln, müssen sofort zurechtgewiesen werden!

Die Führungskraft muss eindeutig klar machen, dass sie Oberflächlichkeiten nicht akzeptiert.

Rund zu Ende denken heißt, jedes Detail in eine Planung einzubeziehen. Das bedeutet harte Arbeit, die bestimmt nicht jeder liebt und deshalb auch lange nicht überall praktiziert wird. Aber gerade darin liegt eine große Chance, nämlich besser zu sein als andere, insbesondere als die Konkurrenz. Oft sind es gerade die ausgefeilten Kleinigkeiten, die ausschlaggebend sind. Wer macht was, wann und wie? Was kostet das? Welchen Nutzen bringt es? Darstellung dieser Fragen im Detail aus der Perspektive aller Betroffenen. Zu einer Kosten-Nutzen-Berechnung sollte immer die Berechnung des Break-even-Points gehören, der die notwendige Umsatzgröße angibt, ab der die Gewinnzone anfängt. Manche Projekte würden nicht begonnen und erst gar nicht durchgeführt, wenn schon bei einer Berechnung des Break-even erkannt wird, dass die notwendige Umsatzgröße nicht erreicht werden kann.

Alles bedacht und durchkalkuliert, gibt es keine bösen Überraschungen, die nicht nur Ergebnisse negativ beeinflussen, sondern auch persönliche Rückschläge darstellen.

Sich berichten lassen

Mit einem Berichtenlassen fängt eine Führung von Mitarbeitern überhaupt erst an!

Speziell junge Führungskräfte, die gerade erst zu solchen geworden sind, sollten sich das immer vor Augen halten.

Insbesondere bei der Übernahme einer neuen Mannschaft durch die Führungskraft ist die sofortige Demonstration des unbedingten Führungswillens immens wichtig!

Das einfachste und anschaulichste Mittel ist es, seine Mitarbeiter zu sich zu bestellen und sie über ihre derzeitige Tätigkeit, ihre Probleme und ihre Erfolge berichten zu lassen. Hieraus müssen regelmäßige Berichtstermine als Jour fixe folgen. Hierauf wird später noch eingegangen.

Die Führungskraft fordert den Mitarbeiter wörtlich auf zu berichten. Es wäre falsch, wenn bei dem Mitarbeiter der Eindruck entsteht, bei dem Berichtstermin handele es sich um ein allgemeines Gespräch auf gleichberechtigter Ebene.

Der Mitarbeiter muss spüren, dass er geführt wird. Nur dann hat die Führungskraft die notwendige Führungsautorität erreicht!

Mit der zeitlichen Intensität oder Frequenz der Berichtstermine entscheidet sich auch, ob der Mitarbeiter eng oder lose geführt wird. Problematische und neue Mitarbeiter müssen sehr eng geführt werden, gute und zuverlässige Mitarbeiter brauchen für ihre eigene Entwicklung Freiheiten, die sie zu hohen Leistungen motivieren.

Motivation

Mit der Hinwendung zu überzogenen und teilweise kleinkarierten Rationalisierungsbestrebungen bleibt oft die Bemühung um eine innere Bindung guter Mitarbeiter an das Unternehmen und der Aufbau oder die Festigung einer Unternehmenskultur auf der Strecke. Der Motivationsfaktor Unternehmenskultur wird leider allzu oft verkannt, ja unsinnigerweise sogar verspielt. Große, wertvolle historische Firmennamen verschwinden im Zusammenhang mit Firmenübernahmen oder Fusionen einfach vom Markt und mit ihnen die über lange Jahre gewachsene und gepflegte Firmenkultur. Die Auswirkungen auf die Motivation der Mitarbeiter sind katastrophal.

Spitzenunternehmen sind auf Spitzenmitarbeiter angewiesen um ihre Stellung auszubauen und zu halten. Das gelingt nur, wenn die Mitarbeiter motiviert und zufrieden sind.

Motivation ist die Ursache eines Verhaltens!

Ohne Motivation erfolgt kein Handeln. Eine bloße Information beinhaltet noch keine Motivation und bleibt für sich allein unzureichend.

Ein motivierter Mitarbeiter strebt nach einer Belohnung für seine Leistung.

Was ein Mitarbeiter als eine Belohnung oder als besonders erstrebenswerte Belohnung empfindet, unterscheidet sich individuell. Das macht die Motivation schwer. Der eine kann mit der Aussicht auf höheres Gehalt, einer Bonuszahlung oder einer Urkunde für besondere Leistungen motiviert werden, der andere mit Beförderung, einem herausgehobenen Titel oder einer besonderen Einladung zum Essen oder ins Theater mit oder ohne Partner.

Das einfachste und kostengünstigste Motivationselement ist Lob und Anerkennung oder auch nur besondere Zuneigung des Vorgesetzten!

Es macht Sinn, Lob und Anerkennung deutlich und glaubwürdig auszusprechen, nicht zu überschwänglich. Es kommt besser an, die Leistung zu loben, nicht den Mitarbeiter. Nicht: Sie sind fähig und fleißig, sondern: Diese Arbeit hat mir sehr gut gefallen. Wenn eine Arbeit besonders gut war, verstärkt es die Anerkennung, wenn man den Mitarbeiter darüber berichten lässt und ihm dabei interessiert zuhört. Lob vor einer Gruppe wirkt zwar verstärkend, es muss aber die möglicherweise negative Wirkung auf die vom Lob nicht betroffenen Mitarbeiter bedacht werden.

Durch ein hohes Maß an Aufmerksamkeit wird ein Verhalten eines Mitarbeiters verstärkt, sowohl ein positives Verhalten als auch ein negatives!

Deshalb sind bei einem positiven Verhalten viele Gespräche und viel Lob angebracht, bei negativem Verhalten Kritik, aber nur kurz und bestimmt.

Hebt sich ein Mitarbeiter häufig durch gute Leistungen hervor, sollte sich die Anerkennung durch den Vorgesetzten nicht nur in Lob erschöpfen. Einem nachweislich guten Mitarbeiter kann und muss auch Vertrauen entgegengebracht werden. Vertrauen in der Art, dass bei den Kontrollfunktionen der Führungskraft die Zügel spürbar gelockert – aber nicht gänzlich aufgehoben – werden und dass der Entscheidungsspielraum des Mitarbeiters erweitert wird, in dem er sich freier entfalten kann.

Angemessenes Vertrauen und Raum zur freien Entfaltung bewirken eine starke Motivation strebsamer Mitarbeiter.

Erkennt man bei einem Mitarbeiter ansatzweise, dass er in Richtung einer bestimmten Rolle agiert, z. B. er wirkt mäßigend oder beruhigend auf eine Gruppe oder er ermuntert und feuert an, kann es sinnvoll sein, ihm verbal im Nachhinein und am besten auch vor der Gruppe diese Rolle zuzuweisen. Man schreibt ihm einen Rollennamen zu: »unser Beruhiger, unser Motivierer«. Geschieht seine Benennung mit dieser Rolle häufiger, nimmt er sie auf Dauer an und spielt sie weiter.

Jeder Mitarbeiter wird motiviert, wenn er spürt, dass ihm Aufmerksamkeit durch seine Führungskraft geschenkt wird. Eine gute Demonstration von Aufmerksamkeit ohne großen Aufwand sind Blumengeschenke oder -grüße bei einem Aufenthalt im Krankenhaus, aus Anlass von Eheschließung, Geburt eines Kindes, Beförderung usw.

Mit Kleinigkeiten soll man immer großzügig sein!

Beförderungen von Mitarbeitern kann man als alltägliches Geschehnis im Arbeitsleben so einmal eben nebenher behandeln. Man kann sie aber auch als besonderen Akt der Motivation ausgestalten, der nichts zusätzlich kostet. Eine Beförderung in einem würdigen Rahmen verfehlt eine zusätzlich motivierende Wirkung nicht. Als würdiger Rahmen kann z. B. gelten: ein schönes Zimmer des Vorgesetzten oder ein schöner Besprechungsraum, das Beisein von mehreren, auch höheren Vorgesetzten, die Verleihung einer Beförderungsurkunde, ein Glas Sekt trinken, einen Blumenstrauß überreichen und natürlich gratulieren. Genauso sollte jemand beauftragt sein, die Beförderung im Unternehmen, vielleicht auch im Kundenkreis angemessen bekannt zu machen, bei Kollegen und Mitarbeitern schon während des Beförderungsaktes. Diese können dann gleich bei der Rückkehr zum Arbeitsplatz gratulieren.

Auf alle Mitarbeiter wirkt es motivierend, wenn sie spüren, dass der Vorgesetzte sie ehrlich mag!

Bei Problemen in dieser Richtung sollte eine Selbstsuggestion versucht werden. Der Erfolg bleibt nicht aus. Natürlich gibt es immer wieder bilaterale Verhältnisse, in denen die Chemie nicht stimmt. Wenn das zu wesentlichen Störungen des Betriebsablaufs führt, muss eine Trennung vom Mitarbeiter herbeigeführt werden, sonst wird keiner auf Dauer mit der unbefriedigenden Situation glücklich.

Probleme mit einer ehrlichen Zuneigung zu ihren Mitarbeitern haben häufig Führungskräfte, die aus einer fremden Branche oder aus einem anderen, entfernteren Bereich kommen. Die Ursache liegt in der Regel darin, dass sie unterbewusst den neuen Bereich nicht lieben und nicht in der Lage sind, eine tiefere innere Beziehung zu Bereich und Mitarbeitern aufzubauen. Das geht selten gut! Der Vorgesetzte, der eine solche Führungskraft einsetzt, sollte das unbedingt bedenken, genauso wie die betroffene Führungskraft selbst. Am sensibelsten reagieren dabei Vertriebsmitarbeiter.

Eine Bekundung der Zuneigung zu einem Mitarbeiter findet durch vermehrte Kontakte mit ihm statt, die aber maßvoll gehalten werden müssen, damit kein Übermut eintritt. Jedenfalls darf der Mitarbeiter daraus nicht schließen, dass er unbegrenzten Zugang zur Führungskraft hat. Für die Führungskraft selbst gilt deshalb im Verhältnis zu ihrem Vorgesetzten genauso:

»Gehe nie zu deinem Fürst, wenn du nicht gerufen wirst!«

Motivation eines Mitarbeiters bewirkt seine Identifikation mit dem Unternehmen, seinen Aufgaben, Zielen und mit der Führungskraft. Anerkennende Worte, wie z. B. »Ich bin stolz auf Ihre Leistung, Ihre Meinung zu diesem Thema ist mir sehr wichtig«, verfehlen nicht ihre Wirkung. Motivation strahlt von einer Führungskraft aus, die verständnisvoll, menschlich und aufrichtig erscheint. So sollte sie in der Regel auch sein. Im Bedarfsfall muss sie allerdings auch ihre eigenen Handlungsweisen oder noch besser die Delegation von Handlungsweisen nach den Notwendigkeiten ausrichten können, die nicht unbedingt immer die aufgeführten Tugenden erfordern. Selbst dann sollte darauf geachtet werden, dass zumindest verbal der tugendhafte Anschein gewahrt bleibt.

Im wirklichen Leben zählt der Schein mehr als die Realität!

Nur wenige erkennen dies. Und die wenigen haben keine Chance, sich der allgemeinen Meinung entgegenzustellen. Das Wesentliche für eine Führungskraft ist der Erfolg. Tritt dieser ein, werden die Mittel dazu von jedem für ehrenvoll angesehen und gelobt. Die Masse hält sich immer an den Schein und an den Erfolg!

Was soll durch eine gelenkte Motivation der Mitarbeiter bewirkt werden? Auf Anhieb erscheint diese Frage überflüssig und die Antwort selbstverständlich. So einfach liegt der Sachverhalt aber nicht. Nur vordergründig geht es darum, mit der Motivation Spaß und Freude an der Arbeit zu bewirken. In Wirklichkeit heißt es, Leistung oder Mehrleistung hervorzurufen. Das muss nicht unbedingt ein Widerspruch sein, aber nur in wenigen Fällen bedeutet es dasselbe. Auch wenn die Arbeit keinen Spaß macht, kann deren gutes Ergebnis befriedigen und stolz machen. Darauf kommt es an.

Zufriedenheit und Freude an der Arbeit ergibt sich beim Mitarbeiter, wenn

- ihm die äußeren Arbeitsbedingungen gefallen
  - gut eingerichteter Arbeitsplatz
  - Arbeitsplatz in einem Raum mit wenigen Kollegen, Einzelzimmer
  - schöne Kantine, guter Mittagstisch, Cafeteria usw.
- ihm bei guten Leistungen Aufstiegschancen geboten werden
- er leistungsgerecht bezahlt wird
- ihm flexible Arbeitzeiten geboten werden
- die Firmenkultur stimmt
- er sich mit seiner Arbeit identifizieren kann
- ihm ein angemessener Entscheidungsspielraum eingeräumt wird
- er mit dem zu bewältigenden Problemen weder über- noch unterfordert wird
- die Ergebnisse seiner Arbeit anerkannt werden
- er den Wert seiner Arbeit erkennen kann

Demotivation

Neben den motivierenden Verhaltensweisen gibt es natürlich auch einige, die demotivieren. Diese sollte man ebenfalls kennen, um sie entweder zu vermeiden oder um sie gezielt einzusetzen. Das Letztere birgt Gefahren und sollte, wenn überhaupt, nur von wirklich gestandenen Führungskräften praktiziert werden. Sie müssen in der Lage sein, bewusst und gekonnt in beide Richtungen zu agieren. Eine Führungskraft, die immer nur das Gute will, wird Probleme haben, in einem Umfeld zu überstehen, in dem vielfach andere Einstellungen vorhanden sind. Wer sich darin behaupten soll, kann nicht ausschließlich nach moralischen Gesichtspunkten handeln. Je nach Notwendigkeit muss man zielgerichtet anders tätig werden. Das wird allen Ethikern verwerflich erscheinen, aber die Realität zeigt oft genug, dass rein tugendhaftes Handeln zum Misserfolg führt und manche vermeintlich verwerfliche Aktion zu positiven Ergebnissen.

Eine Führungskraft sollte sich an einem eventuellen Vorwurf eines autoritären Verhaltens nicht stören, wenn dieses Verhalten, richtig angewandt, die Gesamtheit der Mitarbeiter zu positiven Arbeitsergebnissen führt. Am besten macht sich die Führungskraft, die sowohl geliebt als auch geachtet wird. Wenn es ihr nicht gelingt beides auf sich zu vereinigen, so

ist es wesentlich sicherer geachtet als geliebt zu sein!

Auch wenn hier das »Geachtetsein« im Gegensatz zum »Geliebtsein« betrachtet wird, bedeutet das keinesfalls ein Gleichsetzen mit »Verhasstsein«, das auf jeden Fall vermieden werden muss. Der Vorteil des »Geachtetseins« liegt nicht zuletzt darin, dass sich Mitarbeiter viel eher scheuen, gegen eine geachtete Führungskraft vorzugehen als gegen eine beliebte.

Natürlich sind viele demotivierende Praktiken unfair, es sei denn, sie werden eingesetzt, um ein falsches Verhalten des Mitarbeiters zu ändern.

Das einfachste Mittel, ein unerwünschtes Verhalten eines uneinsichtigen Mitarbeiters zu verändern, liegt im Entzug der Zuneigung,

praktiziert durch Übergehen bei Entscheidungen, bei Einladungen zu Gruppengesprächen, bei Vergabe von grundsätzlich den Mitarbeiter betreffenden Aufgaben, durch langes Wartenlassen, durch verspätete Reaktionen usw. Kurz gesagt durch vorübergehendes Linksliegenlassen. Das verunsichert den Mitarbeiter und er wird bestrebt sein, die für ihn unbefriedigende Situation durch positive Verhaltensänderung wieder zu bereinigen. Diese muss dann wiederum mit motivierenden Mitteln belohnt werden, sonst kann sie nicht nachhaltig sein.

Eine Anwendung dieser Grundsätze ist noch fair, weil sie einem vernünftigen Zweck dient. Unfair wird das Verhalten eines Vorgesetzten allerdings, wenn er aus verwerflichen Gründen anstrebt, eine ihm untergeordnete Führungskraft oder einen Mitarbeiter zu hintergehen oder zu schwächen. Vorgesetzte, die das praktizieren, sind charakterschwach und eigentlich fehl am Platz. Dennoch kann man sie und ihre Praktiken leider allzu häufig antreffen.

Unfaire Praktiken

Im Folgenden ein Katalog von unfairen Praktiken, die sich immer wieder antreffen lassen. Führungskräfte wenden sie an und Führungskräfte sind ihnen ausgesetzt. Deshalb auch einige Hinweise auf Gegenreaktionen.

Manche Manager empfinden ein besonderes Gefühl der Macht und der Stärke, wenn sie an der untergeordneten Führungskraft vorbei deren Mitarbeiter zu sich bestellen, sich von ihnen berichten lassen, im schlimmsten Fall sogar noch über die Führungskraft selbst oder an Mitarbeiter Aufträge vergeben, ohne die Führungskraft einzubeziehen oder zu informieren. Die Erkenntnis, dass diese Situation natürlich dem missbrauchten Mitarbeiter gefällt, bestärkt sie noch. Dieser fühlt sich durch die falsch angewandte Aufmerksamkeit (Zuneigung) geehrt.

Es wäre eine falsche Reaktion, den Mitarbeiter zu maßregeln. Intelligente Mitarbeiter fühlen sich in solchen Situationen nicht unbedingt wohl, sie haben jedoch keine Chance, ihr zu entgehen. Aber dem Mitarbeiter muss klar gemacht werden, dass man die Situation nicht für sauber hält und alle dennoch damit leben müssen. Wenn die Führungskraft geachtet wird und der Mitarbeiter eine grundsätzliche Zuneigung spürt, steht der Mitarbeiter hinter ihr. Er wird es dann als selbstverständlich empfinden, seine direkte Führungskraft umfassend zu informieren.

Brenzlig wird die Situation, wenn Entscheidungen über den Kopf der Führungskraft hinweg gefällt werden. Damit wird eine Schwächung der Person angestrebt, die keinesfalls akzeptiert werden kann!

Hier muss das offene Gespräch gesucht werden, in dem unmissverständlich klar gemacht wird, dass man nicht bereit ist, dieses Verhalten hinzunehmen. Da die Führungskraft sich hierbei im Recht befindet, wird die höhere Führungskraft in der Regel einlenken. Andernfalls kommt es zu einer sowieso unvermeidbaren Konfrontation, deren Folgen – welche auch immer – in Kauf genommen werden müssen.

Eine andere unfaire Maßnahme erfolgt durch die Beauftragung fremder Bereiche oder Mitarbeiter mit den eigentlichen Aufgaben des Betroffenen oder die Beauftragung gleichrangiger oder »neutraler Stellen« wie Buchhaltung oder Revision mit der Überprüfung oder Überwachung von dessen Arbeiten. Die negative Wirkung der Maßnahmen verstärkt sich dadurch, dass die Beauftragung ohne Information des Betroffenen erfolgt, aber hintenherum für dessen Kenntnis gesorgt wird. Das schürt ein Misstrauen, das wie ein Aufeinanderhetzen von Bluthunden funktioniert.

So gut wie Zuneigung zu Motivation führt, führt Missachtung zu Demotivation. Das besonders Schändliche dabei ist, dass Demotivation von Mitarbeitern dem Unternehmen schadet. Selbst das hindert Manager in höchsten Etagen nicht, davon bewusst zur Befriedigung ihres kranken Egos Gebrauch zu machen. Beispiele gingen schon genügend durch die Presse.

Wenn wichtige Informationen an Mitarbeiter nicht weitergegeben werden, entsteht Unsicherheit. Insbesondere wenn der Vorgesetzte dann bei Gesprächen oder Besprechungen bewusst wie selbstverständlich Wissen voraussetzt und mit abfälligen Bemerkungen oder Gesten Nichtwissen zur

Kenntnis nimmt. Eine Wiederholung dieses Verhaltens verunsichert die Mitarbeiter so, dass kaum noch Nachfragen erfolgen. Schwachen Führungskräften hilft das zeitweise, ihre Schwäche zu verdecken oder ihre Scheinautorität zu festigen.

Unfaire Manager setzen ihre Mitarbeiter mit bewusst überzogenen Forderungen unter Druck und missbilligen die Nichterfüllung. Erfolgt das häufig, kommt es früher oder später unweigerlich zur Trennung. Ein Ergebnis, das vielleicht angestrebt wird.

Der Auftritt von zwei Managern gegenüber einem Mitarbeiter bringt diesen in eine noch schwächere Position, als er sich seiner Führungskraft gegenüber sowieso schon befindet. Wenn zwei Starke auf einen Schwachen einschlagen, fühlt er sich niedergemacht. Die gute Führungskraft achtet darauf, dass so etwas nie ungewollt passiert. Die weniger fähige Führungskraft wendet mit der Hinzuziehung einer weiteren Person eine oft funktionierende Taktik an, wenn sie sich selbst vor klaren, kritischen Worten scheut. Sie lässt die zweite Person barsche Kritik anbringen, um dann mit mäßigenden Worten als Wohlwollender dazustehen.

Manche Unternehmen sind richtige Gerüchteküchen, insbesondere dann, wenn das Management dem nicht entgegenwirkt oder sogar selbst Gerüchte schürt. Mitarbeiter oder Kollegen werden schlecht gemacht, indem Gerüchte über sie verbreitet werden. Der Mitarbeiter XY gehört einer Sekte an, säuft oder nimmt Drogen, schlägt seine Frau oder geht fremd. Aus dem dienstlichen Bereich: lässt sich bestechen, vermasselt Aufträge, vernichtet Unterlagen usw. Wenn die Führungskraft Gerüchte nicht energisch unterbindet, ja ihnen vielleicht noch Vorschub leistet, indem sie selbst Gerüchte begierig aufnimmt und weiterverbreitet, fördert sie nicht nur den Unfrieden im Unternehmen, sie verkennt, dass sie mit Sicherheit auch bald Opfer eines Gerüchtes wird. Primitiver geht es nicht.

Wenig oder keine Gerüchte gibt es dann, wenn die Führungskraft sie grundsätzlich ins Leere laufen lässt,

d. h. sich auch um Gerüchte über sie selbst nicht kümmert. Das wird jedoch nur dann eine starke und empfehlenswerte Maßnahme sein, wenn über dieses Thema und die Konsequenz mit den Mitarbeitern geredet wurde. Wissen die Mitarbeiter, dass die Führungskraft schon allein den Versuch unterbindet, bei ihr Gerüchte über andere zu verbreiten und auf ihr zugetragene Gerüchte über sich selbst nicht reagiert, wird das Thema nach und nach uninteressant und unterbleibt.

Haben Führungskräfte dieses Bewusstsein nicht in die Mannschaft getragen, sollten sie zu schwer wiegenden Gerüchten offiziell Stellung nehmen, den Verbreiter öffentlich zur Rede stellen und zur Rücknahme auffordern, gegebenenfalls auch abmahnen.

Glänzen Mitarbeiter kaum mit guten fachlichen Qualitäten, suchen sie oft andere Wege, sich bei der Führungskraft nützlich zu machen. Ein beliebtes Mittel ist die Weitergabe von Informationen über Kollegen. Für die Führungskraft gilt es dabei genau abzuwägen.

Die Information darf nicht abgewiesen werden, wenn über ein tatsächliches geschäftsschädigendes Verhalten informiert wird!

Im Gegenteil, es muss in einem solchen Fall auf die Pflicht zur Information hingewiesen werden. Auf der anderen Seite sollte man aber fein unterscheiden, ob die Information nicht nur oder überwiegend den Sinn hat, Kollegen zu schaden. Diese Art der Informationsweitergabe zu fördern, hat ähnliche negative Auswirkungen wie die Förderung von Gerüchten.

Stark unfair handelt die Führungskraft, die sich Informanten heranzieht und als Bluthunde einsetzt. Die Krönung besteht dann darin, den Betroffenen über die Hinweise, die der Informant gegeben hat, mit Namensnennung zu informieren. »Herr XY meint, Sie wären aus dem und dem Grund für diese Aufgabe nicht geeignet.« Noch verstärkt wirkt diese Maßnahme, wenn der Bluthund einer untergeordneten Führungskraft als Mitarbeiter oktroyiert wird und diese z. B. in Arbeitssitzungen demonstrativ alles Gesprochene aufschreibt, womit allen Beteiligten klar wird, dass hier »Spionage« betrieben wird. Hiermit wird eine starke Verunsicherung der Mitarbeiter angerichtet und das Verhältnis zwischen Informant und Betroffenem wird auf Dauer zerstört. Dennoch gibt es Führungskräfte, die sich an solchen Missstimmungen berauschen können.

Wie reagiert man als Betroffener? Gelassen bleiben und Gelassenheit demonstrieren! Derjenige kann in fast allen Situationen selbstsicher sein, der alle Aufgaben grundsätzlich so ordnungsgemäß erledigt, dass jeder zu jeder Zeit in alles Einsicht nehmen kann.

Wer nichts zu verbergen hat, hat auch nichts zu befürchten!

Informanten sind in der Regel in der Riege der Schwachen anzufinden. Starke, qualifizierte Kräfte haben solche

Verhaltensweisen nicht nötig. Spione verhalten sich sehr schnell destruktiv. Der erste gravierende Fall sollte zum Anlass genommen werden, auf einer Versetzung zu bestehen.

Auch die unsachgemäße Kritik an Entscheidungen, die er innerhalb seines Vollmachtbereichs getroffen hat, verunsichert den Mitarbeiter. Die Unsicherheit verstärkt sich, wenn die Führungskraft bei ihrer wiederholten Kritik keine klare Linie erkennen lässt. Je umfassender der Vollmachtsbereich ist, desto mehr vergrößert sich die Gefahr, Betroffener zu sein. Sie besteht also besonders auch für Führungskräfte.

Die Gegenreaktion auf unsachgemäße Kritik sollte keinesfalls in einer Rechtfertigung liegen. Die Rechtfertigungsposition offenbart in aller Regel die schwächere Position.

Wer sich rechtfertigt, verliert!

Besser wird eine Gegenposition bezogen, die nicht in direktem Zusammenhang steht: »Es ist mein Recht, frei zu entscheiden. Nutzen Sie Ihren Entscheidungsspielraum nicht? Wollen Sie meine Vollmachten einschränken?«

Manche Führungskräfte ertragen es nicht, guten Geschäften und Erfolgen von Kollegen zusehen zu müssen. Sie befürchten, vielleicht auch zu Recht, dass diese auf der Karriereleiter an ihnen vorbeisteigen oder an höchster Stelle mehr Beachtung finden. Anstatt sich auf den eigenen Erfolg zu konzentrieren, suchen sie nach ausgefuchsten Methoden, um den guten Kollegen zu bremsen, zum Schaden für diesen und das Unternehmen. Gute Geschäfte werden gebremst oder verhindert, indem mit Hinweis auf anonyme, aber »äußerst zuverlässige Quellen« neue Geschäftspartner des Kollegen in eine anrüchige Ecke gestellt werden und von

Geschäften mit diesen dringend abgeraten wird. Das bringt den Betroffenen immer in eine schlechte Situation, weil ab dann jeder mit Argusaugen auf die weitere Entwicklung achtet und ein möglicher Misserfolg auf Starrsinn und ein Nicht-hören-wollen zurückgeführt wird.

Manager, die es auf die Position eines Vorgesetzten oder Kollegen abgesehen haben, nutzen die Gelegenheit, bei Gesprächen mit den entscheidenden Personen auf Schwächen oder grobe Fehler dieser Vorgesetzten oder Kollegen hinzuweisen. Mit häufiger Kritik und Vorschlägen, es besser zu machen, bieten Sie sich selbst für die angestrebte Position an. Die Rechnung geht oft dann auf, wenn die Kritisierten wirklich große Schwächen aufzeigen oder grobe Fehler begehen. Wenn deren Position schnell neu besetzt werden muss, wird in der Regel jemand aus den eigenen Reihen gesucht und die Wahl fällt dann schnell auf einen bisherigen Kritiker, dem man die Chance gibt, es besser zu machen.

Gesprächsführung

Der Erfolg eines Gesprächs mit Mitarbeitern steht und fällt mit der Gesprächsvorbereitung!

Zu oft gehen Führungskräfte in ein Mitarbeitergespräch ohne eine klare Zielvorstellung über das gewünschte Ergebnis des Gesprächs. Es hilft eine kurze schriftliche Stichwortnotiz vor dem Gespräch, die das gewünschte Ziel des Gesprächs festlegt. Darunter sind Argumente festzulegen und mögliche Einwände mit Gegenargumentationen.

Es kann ein großer Fehler sein, Einwände des Gegenübers zu übergehen oder ihnen keine Bedeutung zuzumessen. Wer

Einwände des Gesprächspartners nicht ernst nimmt, läuft Gefahr, am Gesprächspartner vorbeizureden. Damit wird mit großer Wahrscheinlichkeit das Gesprächsziel nicht erreicht. Einwände deuten in der Regel auf Interesse am Thema hin und es sollte auch in Betracht gezogen werden, dass Einwände auch berechtigt sein könnten und vielleicht wichtige neue Hinweise geben. Unabhängig vom Ergebnis ergibt sich ein gutes Gespräch, wenn der Mitarbeiter das Gefühl gewinnt, dass ein Meinungsaustausch stattfindet.

Bei berechtigten Einwänden gibt man dem Gesprächspartner Recht: »In dieser Beziehung haben Sie Recht, aber ...« Oder man nimmt den vorgebrachten Einwand auf und wandelt ihn zu seinen Gunsten um. »Von dieser Maßnahme halte ich grundsätzlich nichts.« »Aber das ist ja genau der Grund, warum ich mit Ihnen sprechen möchte.« Durch häufiges Nachfragen kann man alle Gegenargumente des Gesprächspartners erfahren, ohne gleich antworten zu müssen. Der Gesprächspartner wird den Argumenten besser zuhören, wenn er sich nicht mehr auf seine eigenen Gegenargumente konzentrieren muss.

Einen erwarten Gegeneinwand vorwegnehmen!

Der Mitarbeiter wird diesen dann nicht mehr aufgreifen. Eine andere erfolgreiche Methode, mit Gegenargumenten umzugehen, ist es, ein Auffangpolster zwischen Argument und Einwand zu schieben: »Der neueste Bericht der Fachzeitschrift XY besagt anderes.« Damit entsteht keine direkte Konfrontation unterschiedlicher Argumente.

Taktisches Vorgehen bei wichtigen Gesprächen, Diskussionen, Vorträgen

Wichtige Gespräche mit Mitarbeitern, Kollegen aus anderen Bereichen, Vorgesetzten oder Geschäftspartnern und Kunden haben in der Regel den Sinn, den Gesprächspartner vom eigenen Wunsch, vom eigenen Vorhaben oder von der eigenen Meinung zu überzeugen. Das kann einfach sein, wenn der Kontrahent noch keine eigene Meinung hat und wird umso schwieriger, je fester sich eine entgegengesetzte Meinung gebildet hat.

Der größte Fehler wird gemacht, wenn der Gesprächspartner unterschätzt wird!

Eine mögliche Überschätzung ist da wesentlich unschädlicher. Ein weiterer Fehler, der aber nicht nur aus einer Unterschätzung resultiert, geschieht durch eine oberflächliche und mangelhafte Vorbereitung. Da eine detaillierte und gewissenhafte Vorbereitung vielen eine zu lästige Arbeit bereitet, können leicht schon, allein durch eine bessere Vorbereitung, ausschlaggebende Vorteile erlangt werden.

Die Erarbeitung von Vorschlägen, Entwürfen, Projektunterlagen, Protokollen, Verträgen usw. bringt eine erfahrene Führungskraft grundsätzlich mit in eine Diskussion ein oder zieht diese Arbeiten gerne freiwillig auf sich. Das wird ihr einfach gelingen, da die meisten froh sind, mit solchen lästigen Arbeiten nicht bedacht zu werden. Die großen Vorteile und Chancen liegen auf der Hand. Es gestaltet sich natürlich wesentlich einfacher, auf der Basis vorliegender Unterlagen zu argumentieren als dagegen.

Dagegen sein ist die schlechtere Position!

Die Wirkung einer Argumentation vervielfacht sich, wenn sie mit Statistiken, Grafiken, Bildmaterial usw. unterlegt wird!

Solches Material überzeugt oft besser als eine logische Beweisführung, insbesondere wenn neutrale Unterlagen verwendet werden können, die von unumstrittenen Dritten erzeugt wurden.

Keine Meinung sollte ohne wohl durchdachte Begründung vorgebracht werden.

Die Qualität der Meinung basiert allein auf der Qualität ihrer Begründungen!

Deshalb muss auf die Erarbeitung der Begründungen höchstes Augenmerk gelegt werden. Die besten Begründungen sind Fakten. Nichts überzeugt mehr als eine neutral vorgetragene Aneinanderreihung von wesentlichen Fakten.

Wenn die Führungskraft Einfluss auf den Ort des wichtigen Gesprächs oder der wichtigen Veranstaltung nehmen kann, sollte sie einen ihr wohl vertrauten Raum wählen. Dieser vermittelt Sicherheit, gegebenenfalls sogar Dominanz. Sicherheit vermittelt auch eine gut ausgewählte Kleidung, in der sie sich wohl fühlt. Die Gedanken an einen zu engen Hemdkragen, an die zu langen Jackettärmel oder an die ungebügelte Hose lenken ab und verunsichern.

Ein natürliches, sympathisches Lächeln wirkt Wunder!

Wenn es nicht als aufgesetzt und rein zweckgerichtet erkannt wird – das könnte unerwünschte gegenteilige Reaktionen und Gefühle auslösen –, schafft es gleich zu Beginn des

Auftritts ein Sympathiefeld und eine positive Atmosphäre als Boden für fruchtbare Gespräche. Im Gegensatz dazu muss alles vermieden werden, was das Gegenteil bewirkt:

- verbissener, verkrampfter, aggressiver, böser Gesichtsausdruck
- schlechte Laune
- Nichtbeachtung von Personen
- herumpoltern, meckern
- unvorbereitet sein, keine Zeit haben

Während des Gesprächs hält ein interessierter, nicht insistierender Blickkontakt das Sympathiefeld aufrecht.

Wer nicht in der Lage ist, auf angemessene Dauer einem Blickkontakt standzuhalten, hat etwas zu verbergen!

Von Mitgliedern von Naturvölkern angefangen bis zu Mitgliedern der höchsten kultivierten Gesellschaft wird jeder gerne mit seinem Namen angesprochen. Eine einfache Sympathiemaßnahme für jeden, der daran denkt. Ein gemeinsames Interesse in Teilbereichen bietet sich zu einer besonderen Betonung und Herausstellung an. Da die Betonung der Gemeinsamkeit allerdings in vielen Lehrbüchern und Seminaren empfohlen wird, darf sie keinesfalls überstrapaziert werden. Man kann davon ausgehen, dass jeder einigermaßen erfahrene Gesprächspartner weiß, wo der Hase läuft. Vielleicht ärgert es ihn sogar, weil man ihm demonstriert, dass er selbst simpelste taktische Kenntnisse nicht hat.

Bei allen taktischen Spielereien ist Vorsicht geboten!

Es kommt besser an, die allgemein bekannte Taktik offen

anzusprechen: »Prima, wir wissen doch alle, dass gemeinsame Interessen gute Übereinkünfte fördern.« Gegebenenfalls später: »Schon wieder eine Gemeinsamkeit!«

Vorsicht, wenn man bemerkt, dass sich das Gegenüber vorzeitig auf eine nicht genehme Meinung festlegen will.

Eine einmal gefasste Meinung wird selten wieder aufgegeben.

Gegenreaktion z. B.: »Bitte legen Sie sich jetzt noch nicht fest, ich muss Sie noch über weitere Details informieren.« Früher schon einmal geäußerte, nicht gewünschte Meinungen des Gesprächspartners sollten keinesfalls erwähnt werden. Manch einer befürchtet einen Gesichtsverlust, wenn er eine bekannte Meinung aufgibt. Geschickt sollte der Gesprächspartner dazu gebracht werden, die gewünschte Meinung als seine eigene zu finden. Dazu trägt man die Nichtmeinung vor und begründet sie möglichst schwach und widerlegbar. Der Gesprächspartner wird sie widerlegen und damit nicht mehr als seine eigene aufgreifen. Zur Not kann man die Nichtmeinung auch selbst mit starken Argumenten widerlegen mit demselben, aber etwas abgeschwächten Effekt.

Die erfahrene Führungskraft entrüstet sich nicht im Gespräch und reagiert auf Provokationen gelassen.

Die Entrüstung ist in der Regel eine schwache Reaktion

und wird von den meisten Anwesenden auch so empfunden. Viele haben die natürliche Neigung, auf Provokationen in ihrer Erregung mit unbedachten Äußerungen oder Retourprovokationen zu reagieren, meistens zu ihrem Nachteil.

In jedem Bereich oder jeder Abteilung gibt es eloquente Mitarbeiter, die den Drang verspüren, in Gesprächen und Diskussionen den Ton anzugeben, selbst gegenüber ihren Vorgesetzten. Wenn die Führungskraft spürt, dass ihr die Gesprächs- oder Diskussionsführung entgleitet, kann sie diese mit Fragestellungen wieder zurückholen.

Wer fragt, der führt!

Definitionen abfragen hilft, denn die Beweislast liegt beim Behauptenden, nicht beim Fragenden. Fast alle Vielredner neigen dazu, im Überschwang ihrer Gefühle alle Argumente auf einmal loszuwerden. Sie ketten die Argumente aneinander. Damit legen sie eine Schwachstelle bloß, die die Führungskraft aufgreift und auf jeden Fall für sich selbst vermeidet. Bewährt hat sich als Reaktion auf Argumentationsketten, die schwächste der Argumentationen aufzugreifen, sie als besonders wichtig darzustellen und dann mit guten Gegenargumenten zu entkräften. Der so entstandene Eindruck überträgt sich auf die gesamte Argumentationskette.
Beim Ende langwieriger Diskussionen und Gespräche fallen oft Ermüdung und Zeitnot zusammen. Eine gefährliche Situation, weil bei vielen die Bereitschaft wächst, ungewollte Konzessionen zu machen. Diese Situation kann von einer Führungskraft bewusst herbeigeführt und ausgenutzt werden. Sie sollte allerdings keinesfalls selbst Schwächereaktionen erliegen. Ehe sie sich dazu bereitsieht, sollte die Sitzung besser vertagt werden.

Die Führungskraft liegt falsch, die glaubt, Mitarbeiter mit einer Demonstration von Überlegenheit zu beeindrucken und zu überzeugen. Die Führungskraft erreicht damit eher das Gegenteil.

Das Hervorkehren von überlegener Macht, Bildung, überlegenem Einfluss und Einkommen erzeugt eine Abwehrreaktion,

die dazu führt, dass die Mitarbeiter abschalten, nicht mehr zuhören und sich selbst nicht mehr von guten und vernünftigen Argumenten ehrlich überzeugen lassen. Genauso reagieren Mitarbeiter in einer spannungsgeladenen Atmosphäre. Diese ergibt sich schnell, wenn die Führungskraft anfängt zu übertreiben, wenn sie sich negativ über ihren Gesprächspartner äußert oder aggressive Redewendungen, wie: »Sie haben mich nicht verstanden«, verwendet. Spannungen müssen abgebaut werden, sonst kann ein Gespräch nicht erfolgreich beendet werden. Es macht Sinn, unter Umständen das Gespräch abzubrechen. Der Gesprächspartner muss möglichst zufrieden aus dem Gespräch gehen, deshalb sollten unangenehme Mitteilungen nicht bis zum Schluss aufgeschoben werden. Ein Abschied erfolgt dann in freundlicher Atmosphäre.

Umgang mit schwierigen Mitarbeitern

Auch hier gilt der Grundsatz: Belohnung stabilisiert ein Verhalten, Bestrafung mindert oder verhindert.

Äußerst wichtig ist es, auf ein unerwünschtes Verhalten eines Mitarbeiters sofort und beim ersten Mal zu reagieren!

Aus zweierlei Gründen: Zum einen hat eine Bestrafung beim ersten Mal die größte und nachhaltigste Wirkung, zum anderen wird eine Bestrafung immer schwieriger, je häufiger man Fehlverhalten durchgehen lässt.

Wehret den Anfängen!

Missbilligung

Die Missbilligung

- **muss klar und deutlich ausgesprochen werden,**
- **sollte nie vor anderen erfolgen,**
- **soll sich auf die Fehlleistung beziehen, nicht auf die Person,**
- **soll dem Mitarbeiter die Möglichkeit geben, Stellung zu nehmen,**
- **sollte mit einem gemeinsamen Lösungsvorschlag enden, der Wiederholungen vermeidet.**

Bei einem schwer wiegenden Fehlverhalten eines Mitarbeiters muss die Missbilligung gleichgewichtig sein. In der Regel ist eine Abmahnung auszusprechen. Hält man eine schriftliche Abmahnung trotz schwer wiegenden Fehlverhaltens nicht für angebracht, erfolgt die Missbilligung in diesem speziellen Fall vor einem Zeugen. Andernfalls setzt sich eine Führungskraft dem Vorwurf aus, in einer solchen Situation nicht reagiert zu haben. Das könnte negative Folgen für sie selbst haben.

Bei weniger schwer wiegenden Fällen kann durchgreifend Abhilfe geschaffen werden, wenn unerwünschtes Verhalten mit negativen Namen belegt wird, z. B. bei übertriebener Reisetätigkeit die Bezeichnung »Lustreisen«. Mit solchen Bezeichnungen verbindet man keine arge Kritik, dennoch wirkt sie und hält vor allem weitere Mitarbeiter davon ab, ein ähnliches Verhalten aufzunehmen. Keiner will mit der negativen Bezeichnung in Verbindung gebracht werden.

Bei Mitarbeitern mit Entscheidungsvollmachten kommt es vor, dass diese damit nicht vernünftig umgehen können.

Im Rahmen der Entscheidungsvollmacht ist es die Pflicht des Mitarbeiters oder der Führungskraft, Entscheidungen selbstständig zu treffen!

Es darf nicht sein, dass ein Vorgang aus Entscheidungsschwäche an die höhere Führungskraft zurückdelegiert wird. Das darf diese keinesfalls zulassen.

Andererseits darf der Vollmachtsrahmen von entscheidungsfreudigen Mitarbeitern oder Führungskräften auch nicht überschritten werden!

Das birgt mehr Gefahren als der erste Fall. Schon bei einem ersten Vorkommnis muss der Betreffende zurechtgewiesen werden und bei der zuständigen Führungskraft muss eine Warnlampe angehen, die sie veranlasst, die Augen verschärft offen zu halten. Bei sich wiederholenden Vorkommnissen, trotz Ermahnung, gibt es keine andere Lösung, als frühzeitig die einmal erteilte Vollmacht wieder einzuschränken oder besser wieder zu entziehen. Eine offizielle Abmahnung ermöglicht es, beim nächsten Fall die dann notwendige Kündigung rechtswirksam auszusprechen. Hierbei sollte die zuständige Führungskraft auch nicht fackeln, sie kommt sonst in Teufels Küche. Zu entscheidungsfreudige Mitarbeiter neigen dazu, trotz eindringlicher Ermahnung weiterhin ihre Vollmachten zu überschreiten. Entweder wollen sie nach außen hin als mehr erscheinen, als sie sind oder sie können schlecht ablehnen.

Als besonders schwerwiegendes Fehlverhalten muss eine Führungskraft Angriffe von Mitarbeitern gegen ihre Person oder auf ihre Position werten. Ein solches Fehlverhalten eines Mitarbeiters kann eigene Ziele verfolgen, es kann aber auch Rachegedanken entspringen, deren Ursache in einer

Missbilligung oder in einem allgemein unfreundlichen Verhalten der Führungskraft zu finden sind. Wegen der relativen Geringfügigkeit einer Kränkung von Mitarbeitern durch Missbilligung oder einer bedachten oder unbedachten Unfreundlichkeit fühlen sich diese durchaus aufgerufen, offen oder unterschwellig Rache in vielfältiger Form zu üben. Das lässt sich nur selten durch neue Wohltaten vermeiden. Derartige Reaktionen sollte die Führungskraft sensibel wahrnehmen und darauf reagieren. Wegen geringfügiger Kränkungen kann Rache durch Mitarbeiter genommen werden. Wenn sie schwerer geschädigt werden, z. B. wenn sie versetzt werden, können sie es nicht mehr oder werden es nicht mehr wagen. Also,

wenn man als Führungskraft jemanden richtig schlecht behandelt, dann möglichst so, dass man seine Rache nicht zu fürchten braucht!

Stellt eine Führungskraft bei einem Mitarbeiter Anzeichen von Illoyalität fest, muss die Ursache festgestellt werden. Ein Grund kann eine Introvertiertheit des Mitarbeiters sein, die aber keine echte Illoyalität bedeutet. Diese Mitarbeiter sollten ermuntert werden, mehr aus sich herauszugehen, um die Führungskraft zu unterstützen, insbesondere wenn sie gute Berater sein können. So kann sich die Führungskraft ihrer bedienen und sie kann sich auch in schlechten Zeiten auf sie verlassen.

Wenn sich aber Mitarbeiter der Führungskraft aus ehrgeizigen, egoistischen Motiven entziehen, so ist Vorsicht geboten. Sie sind wie offene Feinde zu behandeln, sie werden jede Gelegenheit zum Sturz der Führungskraft nutzen. Das gilt nicht unbedingt für Mitarbeiter, die sich gleichzeitig mit der aktuellen Führungskraft um deren Position beworben und hierum offen gekämpft haben. Bei diesen Mitarbeitern kommt es darauf an, ob sie die neuen Gegebenheiten akzeptieren und, wenn die Würfel für den Kontrahenten gefallen sind, bereit sind sich einzuordnen oder ob sie aus dem Hinterhalt gegen die neue Führungskraft schießen.

Spezielle Situationen

Ein Streit zwischen Mitarbeitern kann die Führungskraft in schwierige Situationen bringen. Es empfiehlt sich:

Bei einem Streit keinesfalls Partei ergreifen!

Ein Mitarbeiter würde dabei das Gesicht verlieren, was dauerhafte, empfindliche Störungen des Verhältnisses Führungskraft und Mitarbeiter mit sich bringen kann. Die Führungskraft hat für eine schnelle Beendigung des Streits zu sorgen und dabei so weit wie möglich neutral zu bleiben. Das kann dadurch bewirkt werden, dass die beiden Streithähne im Beisein der Führungskraft an einen Tisch gebracht werden und die Führungskraft dazu auffordert, nun den Streit unter erwachsenen Menschen beizulegen. Oder die Führungskraft trifft eine den Streit beendende Entscheidung, die aber einen neutralen Anstrich hat. Es muss deutlich werden, dass die Sache den Ausschlag gibt, nicht die Person, die vielleicht ebenfalls in Richtung der Entscheidung argumentiert hat.

In eine genauso brenzlige Situation gerät eine Führungskraft, wenn bei betrieblichen Veranstaltungen Mitarbeiter zu viel getrunken haben. Nicht jeder Mitarbeiter reagiert auf Alkohol mit Müdigkeit oder wird besonders unterhaltsam und lustig, nein, es gibt leider auch die aggressiven, erstaunlicherweise besonders unter den ansonsten unauffälligen und zurückhaltenden. Sie fördern unter Alkoholeinfluss ihre bisher unterdrückte Kritik zu Tage und überziehen dabei in der Sache und der Art der Kritik maßlos und unakzeptabel bis hin zu bösartigen Beschimpfungen der Führungskraft, des gesamten Managements oder des Unternehmens. Eine unterschwellige Freude und Belustigung der Anwesenden kann dabei keinesfalls ausgeschlossen werden. Wie soll eine Führungskraft darauf reagieren? Keine Reaktion wird von den Anwesenden als Schwäche ausgelegt. Eine barsche Reaktion kann die Situation noch mehr verschärfen. Eine lustige Reaktion kann die Situation entspannen, muss es aber nicht. Mit anderen Worten, eine solche Situation ist unkalkulierbar. Jede Reaktion kann richtig, aber auch falsch sein. Die einfachste und in den meisten Fällen auch beste Lösung ist eine frühzeitige Verabschiedung der Führungskraft, und zwar dann, wenn sich eine Alkoholstimmung andeutet und bevor eine unangenehme Situation eintritt. Damit die Gesellschaft nicht ohne Verantwortlichen weitertagt, sollte die Verantwortung für die Aufhebung der Gesellschaft zu einem vernünftigen Zeitpunkt und gegebenenfalls die Übernahme der Rechnung auf einen vertrauenswürdigen Mitarbeiter übertragen werden.

Probleme und Streit zwischen Mitarbeitern können natürlich auch rein sachlich begründet sein. Sie entstehen dann, wenn für eine Aufgabe Aktivitäten mehrerer Mitarbeiter aus demselben Bereich oder auch aus unterschiedlichen Bereichen vonnöten sind. Nicht immer herrscht Einigkeit über die Vorgehensweise. Auftretende Meinungsverschiedenheiten können und sollen systematisch und geordnet beigelegt werden. Die Führungskräfte sind aufgerufen, ihre Mitarbeiter an ein vernünftiges Eskalationsmodell heranzuführen.

Können die Mitarbeiter keine Einigung untereinander finden, so müssen sie den Meinungsstreit eskalieren lassen,

d. h. sie sollen eine Entscheidung auf der nächsthöheren Hierarchiestufe veranlassen. Gegebenenfalls geht die Eskalation bei einer pyramidalen Organisationsstruktur bis hin zu der Führungskraft, die für alle betroffenen Bereiche entscheiden kann, also im Extremfall bis zum Unternehmens- oder Konzernchef.

Entscheiden

Alle Entscheidungen einer Führungskraft müssen effektiv sein. Effektiv sind Entscheidungen dann, wenn sie einen positiven Einfluss auf das Unternehmen oder das Unternehmensergebnis haben. Es geht aber nicht nur um die Effektivität der Entscheidungen, sondern auch um die Effektivität der Führungskraft selbst. Die Führungskraft verliert an Effektivität, wenn sie sich auf zu viele Entscheidungsfelder begibt. Eine strikte Konzentration auf Wesentliches wird das verhindern.

Die sorgfältige Entscheidung betrifft nicht nur ein Pro oder Kontra, die Umsetzung muss unbedingt mit einbezogen werden. Es nützt nichts, eine oberflächlich betrachtet sinnvolle Entscheidung zu treffen, die praktisch nicht durchführbar ist. Deshalb gehört zur Abrundung einer vernünftigen Entscheidung die Durchführungsplanung: Welche Aufgaben sind im Detail zu erledigen? Wer wird damit beauftragt? Sind für diese Aufgabenerledigung überhaupt fähige Leute vorhanden? Aufstellung eines Zeitplans. Welche Stellen sind direkt und indirekt betroffen? Haben sie Mitbestimmungsrechte? Wer muss informiert werden? Sind

Kompromisse erforderlich, um die Entscheidung akzeptabel zu machen?

Der Entscheidungsfindungsprozess kann einfach sein, wenn er systematisch angegangen wird:

- Welche alternativen Möglichkeiten gibt es?
- Welche Auswirkungen haben diese?

Nachdem konsequent die Auswirkungen bis zu Ende durchdacht wurden, fällt die Entscheidung für die unter den gegebenen Umständen beste Möglichkeit. Dabei gibt es natürlich nicht nur Schwarz oder Weiß. Die beste Möglichkeit liegt in aller Regel in einer Grauzone. Deshalb kann auch jede Entscheidung angegriffen werden. Bei wichtigen Entscheidungen hilft eine gute Dokumentation der Beweggründe für eine Entscheidungspräsentation und gegebenenfalls für eine Rechtfertigung.

Entscheidungsschwache Führungskräfte nehmen gerne den Strohhalm einer vermeintlich noch fehlenden Information auf, um die Entscheidung hinauszuschieben. Die Frage lautet, was man mit einer zusätzlichen Information anfangen kann. Die Simulation von Möglichkeiten, die sich aus der Information ergeben, führt weiter. Wenn der Erhalt der Information lediglich ein Ahaerlebnis bewirken kann, dann ist diese Information vielleicht »nice to have«, aber überflüssig. Sie verzögert und verlängert unnötigerweise den Arbeitsvorgang und bringt die Beteiligten kein Stück voran. Besser wird darauf verzichtet.

Entscheiden muss derjenige, der auch die Verantwortung trägt!

Das hört sich auf Anhieb logisch und unproblematisch an, wird aber mit zunehmender Arbeitsteilung schwieriger. Innerhalb von Unternehmensgruppen oder Konzernen gibt es zentrale Funktionen, wie z. B. Personalbereich, EDV, Rechnungswesen, Vertrieb usw., auf die für Fachbereiche kein direkter Zugriff möglich ist. Obwohl solche Arbeitsteilungen organisatorisch und kostenmäßig sinnvoll sind, haben sie nachteilige Auswirkungen auf die eigentlichen Verantwortungsträger. Ohne unmittelbaren Einfluss sind selbst sinnvollste Maßnahmen langwierigen Abstimmungsprozessen unterworfen und oft entscheiden zu viele Personen mit, die für die spezielle Auswirkung auf das Geschäftsergebnis keine Verantwortung tragen. Damit sind die Themen Wissen, Kenntnisse und Erfahrung und mögliche böswillige Blockaden der involvierten Nicht-Verantwortungsträger noch nicht einmal berührt.

Natürlich ergeben diese nicht mehr zu vermeidenden Strukturen Ärger, Reibereien und Frustrationen. Einer Führungskraft bleibt nichts anderes übrig, als auf der einen Seite mit diplomatischem Geschick das Beste aus der Situation zu machen und auf der anderen Seite dafür zu sorgen, dass ihr Verantwortungsbereich nicht über Gebühr ausgezehrt wird. Es macht Sinn, hin und wieder den höheren Stellen ins Bewusstsein zu rufen, dass kaum Einfluss auf Qualität und Quantität der Arbeit in ausgegliederten Bereichen besteht, obwohl die Gesamtverantwortung für alle Einflüsse auf den Beitrag zum Unternehmensergebnis getragen werden muss.

Kurze, schnelle Wege

Die Größe eines Unternehmens behindert und verhindert oft. Kleinere Unternehmen haben deshalb unübersehbare Vorteile. Die Kommunikation funktioniert dort besser und sie agieren und reagieren deutlich schneller. Sie verschwenden weniger Zeit mit endlosen Überprüfungen, Abstimmungen, Genehmigungen, Auseinandersetzungen und mit sonstigen langatmigen Verwaltungsprozessen. Mitarbeiter und Führungskräfte haben den Freiraum, ihre Aufmerksamkeit und Energie auf die für das Unternehmen wichtigen Dinge zu konzentrieren, anstatt sie im Kampf gegen die Bürokratie zu erschöpfen.

Die fähigsten Führungskräfte verschleißen in großen, behäbigen Unternehmen ihre Kraft zu sechzig Prozent mit Aktivitäten, die keinerlei Anteil am Maßnahmenerfolg haben.

Es braucht viel Eigenmotivation, um vor dem begleitenden Frust nicht hier und da zu resignieren. Im Gegensatz zu diesem Frust steht bei wendigen Kleinunternehmen die starke Motivation der Mitarbeiter und Führungskräfte durch schnelle Erfolgserlebnisse.

Erstaunlicherweise lässt sich immer wieder feststellen, wie wenig Priorität gerade in großen Unternehmen dem Erfolgsfaktor Schnelligkeit beigemessen wird. Jeder kennt die bürokratischen Hindernisse und jeder beklagt sie, aber kaum ein Entscheidungsträger ringt sich durch, eine Änderung herbeizuführen. Warum? Weil es einen Riesenakt bedeutet, die seit Ewigkeiten verkrusteten Strukturen aufzubrechen, und weil eine Änderung ohne personelle Einschnitte unwirksam bleibt. Es wäre nämlich ein Trugschluss zu glauben, dass die vorhandenen eingefleischten Bedenkenträger und Fortschrittsverhinderer freiwillig ihre Ärmelschoner ausziehen. Der unternehmerische Fortschritt hin zur Beweglichkeit und Schnelligkeit kann nur funktionieren, wenn er von der höchsten Unternehmensleitung mit überzeugtem Willen angegangen wird. Welche durchgreifenden Änderungen erforderlich sind, ergeben Klausurtagungen aller einzelnen Hierarchieebenen. Bevorzugt bestimmt man zu diesen Klausurtagungen Führungskräfte und Mitarbeiter der operativ tätigen Bereiche.

Wurde der Entschluss gefasst, der Weg bestimmt und wurden die verkrusteten Strukturen in einem Gewaltakt aufgelöst, so sind gleichzeitig Überwachungsmaßnahmen einzuleiten, die einen schleichenden Rückfall in die alten Gewohnheiten verhindern. Zu leicht besteht die Gefahr, dass die erreichte neue Schnelligkeit wieder von Bürokratismus, übertriebener Kontrolle der operativen Kräfte durch »Nicht-Ergebnisverantwortliche«, die ihr Terrain ausweiten wollen, überlagert werden. Nachteilige Verzögerungen sind die Folge. Die Bürokratie muss auf Dauer ausgemerzt werden. Sie begünstigt die Kontrolleure derjenigen, die den eigentlichen Beitrag zum Unternehmenserfolg leisten.

Natürlich gibt es qualifizierte und noch mehr unqualifizierte Argumente gegen die Schnelligkeit: Die Schnelligkeit kann der Qualität schaden, sie kann Kontrollsysteme stören, sie kann organisatorische Fehlleistungen verursachen. Jedes Unternehmen kann deutlich schneller werden und trotzdem diese Nachteile vermeiden. Es müssen nur die Unternehmensbereiche zurückgedrängt werden, in denen Prozesse nur zur Verzögerung von Abläufen führen. Davon gibt es in jedem Unternehmen genug.

Am einfachsten wäre es, ein größeres Unternehmen alle fünf Jahre abzubrennen und neu aufzubauen. Alle Verkrustungen würden sich dann automatisch auflösen!

Aus Unternehmenssicht wäre es häufiger als allgemein praktiziert sinnvoll, autarke Unternehmensbereiche komplett auszugliedern. Die absoluten Kosten werden dann zwar zwangsweise ansteigen, sie werden aber durch größeren Erfolg überkompensiert. So tief greifende Entscheidungen werden allerdings nur selten und nur von außergewöhnlich starken Unternehmensleitern getroffen. Nicht zuletzt, weil in Zeiten, in denen Kostenminimierung und darin begründete Unternehmensfusionen höchste Priorität haben, Unternehmensausgliederungen an vielen Stellen nur Argwohn und Unverständnis hervorrufen. Unternehmensausgliederungen sind nicht opportun. Durch Fusionen müssen Synergieeffekte erzielt werden.

Regelmäßig werden die Augen davor verschlossen, dass der Synergieeffekt bedeutet, dass die Fusion für das eine Unternehmen »Sinn« macht und sie das andere Unternehmen »Energie« kostet!

Das größere und mächtigere Unternehmen gewinnt immer. Management und Mitarbeiter des kleineren Unternehmens sind auf Dauer die Verlierer. Deshalb sollte der Kleinere nur dann eine Fusion mit einem Größeren eingehen, wenn die Not dazu zwingt oder größere, finanzkräftigere Einheiten geschaffen werden müssen, um marktnotwendige Investitionen finanzieren zu können.

Delegieren

Das Delegieren von Aufgaben an Mitarbeiter entlastet die Führungskraft und schafft Freiraum für übergeordnete Tätigkeiten.

Manager sollten über Vieles umfassend informiert sein, sie müssen sich aber keinesfalls mit Allem im Detail beschäftigen. Exzellente Leistungen sind nur bei einer Konzentration auf Weniges möglich. Hierzu bedarf es Disziplin. Dessen sollte sich jede Führungskraft bewusst sein, sonst ergibt sich permanent die Gefahr, sich zu verzetteln. Man betrachte einmal, wer, wann und wie große Leistungen vollbracht hat. In der Regel lässt sich eine Konzentration auf die eine oder ganz wenige Aufgaben feststellen.

Eine Konzentration auf Weniges lässt sich für eine Führungskraft nur verwirklichen, wenn sie bereit ist, alle Aufgaben zu delegieren, die von Mitarbeitern erledigt werden können. Beim Mitarbeiter stärkt eine Aufgabendelegierung das Verantwortungsbewusstsein und je nach Aufgabe die Motivation, besonders wenn auch Kompetenzen mit delegiert werden. Ein optimales Delegieren betrifft Aufgaben, die ein Mitarbeiter entsprechend seinen Fähigkeiten und seiner Zeit übernehmen kann und die von der Führungskraft kontrolliert werden können. Dem stehen oft auf beiden Seiten Hinderungsgründe gegenüber. Die Führungskraft hat die Sorge, überflüssig zu werden, befürchtet, die Übersicht zu verlieren, hat kein Vertrauen in die Mitarbeiter, ist zu wenig risikobereit oder findet keine praktikablen Kontrollmöglichkeiten. Dem Mitarbeiter mangelt es an Selbstvertrauen, er fürchtet Verantwortung und Kritik oder hat keinen Ehrgeiz. Daraus entsteht weder gesunde Forderung noch Förderung der Mitarbeiter und die Gefahr der Überbelastung der Führungskraft ist immanent. Bei ganz schwachen Führungskräften kommt es vor, dass es ein Delegieren in die entgegengesetzte Richtung gibt. Sie lässt sich vom Mitarbeiter Aufgaben delegieren, oder anders gesagt, sie lässt sich einen »Affen aufladen«.

Hierzu passt insbesondere der Typ Mitarbeiter, der kreativ mit guten Vorschlägen auf die Führungskraft zukommt, aber keinerlei Überlegungen zur Umsetzung dieser Vorschläge anstellt. Er hat die Überzeugung, es sei damit getan, den guten Vorschlag bei seiner Führungskraft abzuladen. Diese soll sich dann um die Umsetzung kümmern.

Den »Man-müsste-Sagern« muss gleich Einhalt geboten werden oder man zieht sich ewige Nörgler heran!

»Ich habe ja schon häufig gesagt, dass man das so oder so machen könnte.« Bei dieser Spezies sind vielfach Mitarbeiter zu finden, die mehr an sich denken als an das Wohl des Unternehmens oder an die Unterstützung der Führungskraft. Sie suchen bei allen Handlungen zuerst ihren eigenen Vorteil, werden nie zu brauchbaren Mitarbeitern und man kann ihnen nie trauen. Die nächste Möglichkeit zu einer Trennung sollte wahrgenommen werden.

Jeder Mitarbeiter, der mit einem Vorschlag kommt, soll aufgefordert werden, einen Durchführungsplan mitzuliefern. Andernfalls ist der Vorschlag nutzlos. Die Mitarbeiter sind aufzufordern, ihre Kreativität auf Verbesserungen in ihrem eigenen Bereich zu konzentrieren, in dem sie in der Lage sind, ihre Vorschläge auch selbst umzusetzen. Vorschläge für Verbesserungen in anderen Arbeitsbereichen gehören in das betriebliche Vorschlagswesen, das es in den meisten größeren Betrieben gibt.

Eine Delegierung muss nicht nur an einzelne Mitarbeiter erfolgen, es können genauso Projektgruppen oder Kommissionen beauftragt werden. Die Notwendigkeit ergibt sich vor allem dann, wenn die Zuständigkeit eines einzelnen Aufgabenbereichs überschritten wird. Die Auswahl der Mitglieder nimmt man sorgsam in Abhängigkeit von den Zuständigkeiten vor. Eine Gruppe von eigentlich für die Aufgabe unzuständigen Mitarbeitern kann keine fruchtbare Arbeit abliefern. Deren Beauftragung deutet darauf hin, dass die Führungskraft nichts anderes im Sinn hatte, als eine unangenehme Aufgabe schnell und unüberlegt vom Tisch zu bekommen.

»Und wenn ich nicht mehr weiter weiß, dann gründe ich 'nen Arbeitskreis.«

Kein sinnvolles Unterfangen. Genauso wenig macht es Sinn, die Aufgabe eines bestimmten Mitarbeiters an einen Arbeitskreis zu vergeben, möglicherweise unter dem Gesichtspunkt der Förderung von Teamarbeit.

Sinn und Unsinn der Teamarbeit

Teamarbeit, heute ein ganz modernes Schlagwort, dem sich leider zu viele aus reinen Opportunitätsgründen unüberlegt unterwerfen. Teamarbeit darf auch nichts anderes bedeuten als ein Mittel zum angestrebten Ziel. Sie ist eine von mehreren Arbeitsformen und darf keinesfalls heroisiert werden, wie es leider zu häufig geschieht. Ob sie situativ die optimale Arbeitsform darstellt, muss im Einzelfall entschieden werden.

Die Leistung eines Teams ist nur dann der Einzelleistung eines fähigen Mitarbeiters überlegen, wenn die gestellte Aufgabe den Kompetenzbereich des einzelnen Mitarbeiters überschreitet!

Das heißt ja nicht, dass der kompetente Mitarbeiter sich nicht den Rat von anderen kompetenten Kollegen einholen kann und soll, aber grundsätzlich kommt er als Einzelkämpfer in seinem eigenen Aufgabenbereich besser zurecht, als wenn zu viele Köche im selben Brei herumrühren. Was für ein Gericht würde in einem Restaurant serviert werden, wenn aus Teamüberlegungen nicht nur der Koch über die Zubereitung bestimmt, sondern auch noch der Empfangschef, die Bedienung und der Kassierer?

Die Spitzenköche in aller Welt bestimmen allein und sie sind nur deshalb so gut!

Die Leistungsmöglichkeit eines kompetenten Mitarbeiters darf nicht dadurch eingeschränkt werden, dass ihm die Mitwirkung unkompetenter Mitarbeiter aufs Auge gedrückt wird. Das Ergebnis einer Teamarbeit besteht immer aus Kompromissen.

Kompromisse führen nie zu einem Spitzenergebnis!

Unnötige Kompromisse bedeuten Entscheidungsschwäche.

Paradoxe Vorgehensweisen sind vielfach in Vorstandsgremien vorzufinden, wenn Einzelressortentscheidungen wegen der Wichtigkeit für das Unternehmen nicht vom Ressortvorstand entschieden werden, sondern vom Gesamtvorstand. Bei Entscheidungen, die das Schicksal der Gesellschaft berühren, kommt man daran nicht vorbei. Die

Verantwortung wäre für ein einzelnes Vorstandsmitglied zu groß, wenn nicht sowieso der Aufsichtsrat zustimmen muss. Mancherorts ergibt sich jedoch die Tendenz, die Entscheidungsmacht des Einzelnen zu Gunsten des Vorstandsteams immer mehr einzuschränken. Damit redet z. B. der Personalvorstand und der IT-Vorstand dem Technikvorstand in sein Ressort hinein und umgekehrt. Kann das sinnvoll sein? Wenn sich in dem Gremium kein Spitzenmann befindet, sind sogar alle zufrieden mit dieser Situation. Alle dürfen mit entscheiden, kein Einzelner trägt so richtig Verantwortung. Warum also nicht? Weil in diesen Unternehmen höchstens Durchschnittsergebnisse erzielt werden. Der Vorstand reduziert sich so auf ein Machtzentrum, dabei sollte er zusätzlich ein »Machzentrum« darstellen. Bei Marktführern gibt es so etwas nicht.

Wie sieht die Konsequenz aus?

Teamarbeit ja, aber nur dann, wenn die anstehende Aufgabe einzelne Kompetenzbereiche überschreitet und somit die Mitarbeit mehrerer erforderlich wird!

Gibt man eine Aufgabe an ein Team oder eine Arbeitsgruppe zur Erledigung, empfiehlt es sich in den meisten Fällen, das anzustrebende Ziel der Gemeinschaftsarbeit zu Beginn schriftlich zu fixieren. Selbst diese schriftliche Fixierung verhindert nicht die immanente Tendenz, dass die Arbeiten aus dem Rahmen laufen. Sie schwächt diese Tendenz aber ab. Die verantwortliche Führungskraft darf es nicht versäumen, sich über den Fortgang der Arbeiten regelmäßig mündlich oder schriftlich berichten zu lassen und die Ergebnisse auf Zielgerichtetheit zu überprüfen.

Vorsicht bei der Delegierung von Aufgaben, bei denen der Erfolg der Erledigung bedeutende Auswirkungen hat. Erledigt ein Mitarbeiter diese Aufgabe allein, so muss er zeit- und hautnah begleitet werden. Ansonsten sind Zeit- und Reibungsverluste nicht zu vermeiden. Das bedeutet in der Praxis, dass die Führungskräfte sich in kurzen Abständen berichten lassen müssen, um gegebenenfalls frühzeitig eingreifen zu können.

Soll ein Mitarbeiter damit beauftragt werden, für eine bestimmte Maßnahme oder ein bestimmtes Projekt die Zustimmung anderer betroffener Bereiche einzuholen, ist bei wichtigen Vorgängen die Teilnahme an den Abstimmungsgesprächen unbedingt erforderlich. Die Wahrscheinlichkeit des Misslingens der Abstimmung erhöht sich bei der alleinigen Gesprächsführung durch einen Mitarbeiter schon allein deshalb, weil er Wünsche und Forderungen nicht mit der Autorität einer Führungskraft vorbringen kann, von einer geringeren Überzeugungsfähigkeit einmal ganz abgesehen. Tritt der Misserfolg dann ein, wird der Ärger groß, nicht nur berechtigt oder unberechtigt über den Mitarbeiter, sondern auch über eine verpasste Chance und damit über sich selbst. Auch hier ist Kümmern angesagt!

Anweisen

Wer von einem Mitarbeiter eine bestimmte Handlung oder Aufgabenerledigung wünscht, muss den Mitarbeiter dazu auffordern. So logisch das klingt, so kann doch immer wieder festgestellt werden, dass Führungskräfte in einigen Fällen davon ausgehen, dass Mitarbeiter auch ohne Aufforderung schon wissen sollten, was von ihnen erwartet wird. Eine häufige Quelle von Missverständnissen.

Wer nicht sagt, was er will, bekommt nicht, was er will!

Das gilt sowohl nach oben als auch nach unten.

Bevor man eine Anweisung gibt, muss man allerdings genau wissen, was man will. Wer das nicht genau weiß, kann nicht in der Lage sein, dem Mitarbeiter die Anweisung verständlich rüberzubringen. Genauso kann keine Führungskraft ein Thema verständlich präsentieren, wenn sie sich den Inhalt der Präsentation selbst nicht hundertprozentig klar gemacht hat oder sie das Thema selbst nicht in allen Einzelheiten versteht. Das macht gute Vorbereitung unabdingbar. Ohne diese sollte von einer Präsentation oder einer Anweisung vorerst Abstand genommen werden, weil zusätzlich zu den negativen Folgen unklarer Ausführungen oft ein Gesichtsverlust der Führungskraft hinzukommt. Sie gerät bei zu erwartenden Nachfragen ins Schwimmen. Sollte aus triftigen Gründen eine solche Situation nicht zu vermeiden sein, bleibt der Führungskraft nur übrig, so mürrisch zu reden oder zu gestikulieren, dass die Mitarbeiter zu verschüchtert sind, weiter nachzufragen. Das gelingt aber nur gestandenen Führungskräften.

Bei Präsentationen oder Anweisungen, die an eine Gruppe von Mitarbeitern ausgesprochen werden, kommt es vor, dass Störenfriede versuchen, sich mit unqualifiziertem Einreden wichtig zu machen oder bewusst die Führungskraft in Schwierigkeiten zu bringen. Sofern sich die Führungskraft stark genug fühlt, kann ihr empfohlen werden, den Opponenten sofort »niederzumachen«: »Sie haben doch keine Ahnung. Das sieht man doch schon daran, dass ...« Zum einen kann das verhindern, dass eine Veranstaltung aus dem Ruder läuft, birgt aber zum anderen die Gefahr, dass man die Gruppe gegen sich aufbringt, wenn sie die Reaktion als zu hart empfindet und sich mit dem Opponenten solidarisiert. Zur Erkundung der eigenen Fähigkeit sollte man diese Gratwanderung einmal in einer Situation wagen, in der nicht viel passieren kann.

Eine Anweisung muss für den Empfänger klar sein und von ihm verstanden werden!

Die Anweisung wird verstanden, wenn sie einfach ist.

Die Kunst der Führungskraft liegt darin, komplizierte Sachverhalte so einfach wie möglich darzustellen!

Es bringt überhaupt nichts, zu versuchen, mit ausschweifenden Ausführungen, gespickt mit Fremdwörtern und schwierigen Fachausdrücken, beim Mitarbeiter Eindruck zu schinden. Die gute Führungskraft überzeugt mit einfachen und klaren Anweisungen. Im Zweifel empfiehlt es sich, den Empfänger die Anweisung mit seinen eigenen Worten wiederholen zu lassen. Missverständnisse werden dabei schnell aufgedeckt.

Zur Vermeidung von Informationsverlusten und Missverständnissen dürfen Anweisungen nicht über Dritte erteilt werden, d. h. die zur Ausführung bestimmten Mitarbeiter sollten bei der Vergabe der Anweisung anwesend sein. Damit kann viel unnütze oder doppelte Arbeit und damit Zeitverzögerung und Verärgerung vermieden werden, ebenso durch präzise und detaillierte Vorgaben. Wünscht eine Führungskraft vom Mitarbeiter z. B. die Aufstellung einer Statistik oder einer Tabelle, so hat sie in fast allen Fällen eine mehr oder weniger genaue Vorstellung über deren Aufbau. Wenn der Mitarbeiter nur grobe Hinweise bekommt, wird das Ergebnis niemals den Vorstellungen der Führungskraft entsprechen. Folgen sind wiederum Doppelarbeit, Zeitverzögerung und Verärgerung auf beiden Seiten. Das wird vermieden, wenn die in der Konsequenz sowieso zu leistende Vorarbeit durch die Führungskraft direkt erbracht wird. Ein Aufzeichnen des Rasters der Statistik oder der Tabelle mit konkreten Überschriften bewirkt für alle eine nicht zu unterschätzende Arbeitserleichterung und -ersparnis. Das erscheint beim Lesen vielleicht als Kleinigkeit, ist es aber nicht. Schlimmstenfalls wandert ein Vorgang mehrfach hin und her, bis er den Vorstellungen der Führungskraft im Aufbau entspricht, und dann ergeben sich noch Missverständnisse beim Inhalt. Eine beispielhafte Angabe der gewünschten statistischen Daten hilft ungemein. Die Führungskraft muss sich vor Augen führen, dass sie mit einer überlegten Vorarbeit keinesfalls eine zusätzliche Arbeit leistet. Diese Arbeit kommt unvermeidbar sowieso. Sie erspart aber wesentlich überflüssige Zusatzarbeit.

Eine unbefriedigende Situation entsteht für die Führungskraft, wenn sie bei länger dauernden Arbeiten nicht über den aktuellen Stand der Dinge informiert wird und erst recht, wenn sie nicht weiß, ob die Arbeiten schon erledigt sind. Deshalb macht es auf jeden Fall Sinn, feste Termine für Zwischenberichte und einen anzustrebenden oder einzuhaltenden Endtermin zu bestimmen. Zu diesen Terminen hat der Mitarbeiter die Pflicht, ohne Aufforderung Berichte abzuliefern oder eine Erledigungsmeldung mit Vorlage der vereinbarten Unterlagen zu machen. Leider funktioniert das in der Praxis nicht reibungslos, weshalb die Führungskraft die vorgegebenen Termine selbst auf Termin legen muss, um dann gegebenenfalls mit Nachdruck und Missbilligung zu erinnern. Jede Führungskraft tut sich einen Gefallen, die Mitarbeiter konsequent an diese Vorgehensweise zu gewöhnen.

Wenn mit einer Anweisung eine Arbeit verbunden wird, die zu einem bestimmten Dauererfolg führen soll, muss der Erfolg gemessen werden. Eine Arbeit zu einem Erfolg führen heißt managen. Aber:

Was man nicht messen kann, kann man nicht managen!

Es nützt nur wenig, einem Abteilungsleiter die Anweisung zu geben, die Qualität der Arbeit in seiner Abteilung zu verbessern. Wie soll der Erfolg dieser Anweisung festgestellt werden? Der Abteilungsleiter berichtet nach einer gewissen Zeit, dass sich die Arbeitsqualität erheblich gebessert hat. Der Vorgesetzte ist aber immer noch nicht zufrieden. Ein rechtes Dilemma. Warum? Das Problem wurde nicht gemanagt.
Also, wie kann die Arbeitsqualität der Abteilung gemessen werden? Der Abteilungsleiter oder eine Vertrauensperson wird beauftragt, regelmäßig monatlich eine repräsentative Anzahl von Arbeitsvorgängen auf Fehler zu überprüfen und so eine Fehlerquote zu ermitteln. Liegt diese Fehlerquote z. B. aktuell bei 5 %, so gibt der Vorgesetzte die Anweisung, diese Quote bis zum Jahresende auf 3 % zu reduzieren. Der Erfolg oder Nichterfolg kann dann an der Dezember-Fehlerquote abgelesen werden. Diese einfache Anweisung versteht jeder und der Erfolg kann kontrolliert werden. Dieses Managementverständnis erlangt eine ganz besondere Bedeutung bei der Vergabe von Arbeits-, Jahres- oder Bonuszielen für Mitarbeiter.

Überzeugen

Wenn man über das Überzeugen anderer philosophiert, kommt man an der Mitbeachtung des Überredens nicht vorbei. Beide Themen überschneiden sich und es kann in der

Praxis keine klare Trennungslinie festgelegt werden. Eine klare Trennung gibt es nur theoretisch. Da sie im subjektiven Bereich liegt, kann sie von einem anderen objektiv nicht festgestellt werden. Die Überzeugung eines Dritten hat zwar viele Vorteile, aber eine Überredung bedeutet auch schon einen Erfolg. Im Ergebnis geht es bei beidem darum, einen anderen von seiner eigenen Meinung abzubringen und eine andere Meinung anzunehmen. Dazu passt die scherzhafte

Definition des Meinungsaustauschs: »Der Mitarbeiter kommt mit seiner Meinung in mein Büro und geht mit meiner Meinung wieder hinaus.«

Wie geht eine Führungskraft am besten vor? Es gibt sicherlich keine Patentlösung, um einen Gesprächspartner zu seiner Ansicht zu bekehren. Der Erfahrene wird seine Vorgehensweise der Person, den jeweiligen Umständen und der Verhaltensweise des Mitarbeiters anpassen. Die beste Beeinflussungsmöglichkeit ergibt sich, wenn sie in einer psychologisch günstigen Atmosphäre versucht wird. Aber wie schafft man diese? Zuerst muss man sich vor Augen führen:

Überzeugen ist nur in einem Sympathiefeld möglich.

Dieses Sympathiefeld gibt es nicht und kann auch kaum aufgebaut werden, wenn unterschiedliche Meinungen hart aufeinander prallen. Es ergibt sich ein Sympathiefeld, wenn eine Übereinstimmung zu bestimmten Themen festgestellt wird. Ein großes Sympathiefeld entsteht, wenn jemand von einer anderen Meinung überzeugt werden kann. Die Sympathierichtung ist dann zwar mehr einseitig, sie kann sich aber geschickt und gesteuert zu Nutze gemacht werden. Derjenige, dem es gelingt, einen anderen von seiner Meinung zu überzeugen, wird diesen noch sympathischer finden, als jemanden, der »nur« von Anfang an dieselbe Meinung vertritt. Er wird sich im Gegenzug auch leichter tun, in einer anderen Sache die Meinung des anderen anzunehmen. Das ergibt sich nicht, wenn vorher nur Meinungsübereinstimmung vorlag. Die Regel ist eine unbewusste Balance der Überzeugungen:

- Meinungsverschiedenheiten weden beibehalten,
- Meinungsübereinstimmungen werden beibehalten,
- Meinungsdifferenzen gleichen sich aus, indem jeder bereit ist, einmal seine Meinung aufzugeben.

Die letzte Feststellung lässt sich für eigene Zwecke ausnutzen. Die geschickte und starke Führungskraft wird bei einer für sie eher unbedeutenden Angelegenheit nachgeben, um bei einer wichtigeren Angelegenheit den gerechten Ausgleich erfolgreich einzufordern. Dabei sollte die eigene Zustimmung am besten zögernd und nicht abrupt erfolgen. Je mehr der Eindruck entsteht, dass man bei der Zustimmung etwas hergegeben hat, umso mehr wird das Gegenüber eine ähnliche Bereitschaft zeigen.
Es ergibt sich nicht immer die Situation, dass sich ein Mitarbeiter schon eine eigene Meinung gebildet hat und er von seiner Meinung abgebracht werden müsste. Bei neuen Themen ist es deshalb wichtig, schon zu Anfang stark und überzeugend zu argumentieren, damit erst gar keine abweichende Meinung entsteht. Der überzeugendste Auftritt einer Führungskraft findet dann statt, wenn sich ihre Wortsprache und ihre Körpersprache in Übereinstimmung befinden und beide Sprachübertragungen stattfinden. Wer sich lediglich der Wortsprache bedient, verzichtet auf 50 % der Überzeugungskraft. Nur das Zusammenspiel zwischen Körpersprache, bei der Gesichtsmimik, Gestik mit Händen und Armen sowie stimmlicher Ausdruck eingesetzt werden, und der

Wortsprache mit einem logischen Aufbau des Vortrags mit Einleitung, Themabeschreibung, Argumenten sowie Aufforderung zur Aktion bewirkt eine 100%ige Überzeugungskraft.

Die Überzeugungskraft durch einen richtigen Einsatz der Sprachen kann noch deutlich verstärkt werden durch einen zusätzlichen Einsatz von schriftlichen Unterlagen im weitesten Sinne.

Stärker als Wörter dienen Schriftmaterial, Tabellen oder Statistiken als »Beweismaterial«.

Wer diesen Effekt erkannt hat, wird nur in Ausnahmefällen auf den Einsatz verzichten und dabei immer wieder bemerken, wie ungleich schwerer eine Überzeugung dann funktioniert. Zusätzlich erhöht der Einsatz die Merkfähigkeit.

Körpersprache

Die Körpersprache wurde oben mit Gesichtsmimik, Gestik mit Händen und Armen und stimmlichem Ausdruck definiert. Das ergibt natürlich keine Vollständigkeit. Dieses Thema soll auch hier nicht überstrapaziert werden. Es gibt genügend hervorragende Literatur, deren Lektüre grundsätzlich allen Führungskräften empfohlen werden kann. An dieser Stelle nur ein paar Hinweise auf Erkennungsmerkmale, die jede Führungskraft kennen muss. Zum einen, um diese Merkmale bei Gesprächspartnern identifizieren zu können, um dann entsprechend zu reagieren. Zum anderen, um sich selbst daraufhin zu beobachten und zumindest zu wissen, was die eigene Körpersprache möglicherweise einem anderen verrät.

Mit einer Hand an der Tischplatte festhalten
= Unsicherheitsgeste
Mit zwei Händen an der Tischplatte festhalten
= starke Unsicherheitsgeste
Beine hinter Stuhlbeine klemmen
= Unsicherheitsgeste
Arme hinter dem Kopf verschränken
= Sicherheitsgeste
Zurücklehnen
= Ablehnung
Körper vorbeugen
= Interesse zeigen
Arme vor dem Körper verschränken
= Abweisung
Im Sitzen Arme und Beine verschränken
= starke Abweisung
Beim Sprechen Hand an den Kopf führen
= Verlegenheit, auch Unwahrheit sagen
Plötzlich Hand in die Tasche stecken
= Ablehnung

Die Körpersprache lügt in der Regel nie. Es bedarf einer großen Übung und Geschicklichkeit, die Körpersprache bewusst einzusetzen, um andere zu täuschen. Das gelingt nur wenigen. Dennoch sollte jede Führungskraft darauf achten, dass sie über die Körpersprache nicht zu viel von ihrem inneren Zustand preisgibt. Zusätzlich offenbart sie mit einer starken Köpersprache, dass sie von diesem Thema keine Ahnung hat. Andererseits sollte man Blößen, die man an sich selbst erkannt hat, auch nicht zuviel Bedeutung beimessen. Den größten Profis gelingt es nicht bei anstrengenden Gesprächen, Sitzungen oder Reden ihre Körpersprache vollkommen in der Gewalt zu haben. Erkennt man allerdings Merkmale der Körpersprache bei anderen, kann und sollte man entsprechend reagieren. So macht es z. B. keinen Sinn zu versuchen, jemanden zu überzeugen, der eine Abweisungsgeste zeigt. Solange diese Gestik gezeigt wird, ist jeder Versuch zwecklos und sollte auf keinen Fall unternommen werden. Er führt höchstens zu einer verbalen Ablehnung, die, einmal ausgesprochen, nur selten wieder zurückgenommen wird. Besser wird dann auf ein neutrales Thema abgewichen, bis sich die Ablehnungsgeste löst. Ebenfalls so, nur nicht gar so stark, wirken Unsicherheitsgesten.

Bei Zweiergesprächen kann häufig das Phänomen festgestellt werden, dass beide Gesprächspartner im selben Moment dasselbe tun, z. B. Griff zur Kaffeetasse, gleichzeitiges Vorbeugen des Oberkörpers. Das weist klar auf Übereinstimmung hin, oft nur unterbewusst wahrgenommen. Gekonnt kann eine solche Gestik eingesetzt werden, um Übereinstimmung zu fördern.

Kann man bestimmte Ausdrücke der Körpersprache von anderen nicht verstehen, so kann man bei Gelegenheit die unverständliche Geste einmal nachvollziehen. Wenn man dann versucht, sich sensibel die eigenen Gefühle dabei bewusst zu machen, kommt vielleicht das Verständnis.

In diesem Zusammenhang sei noch auf eine Unart hingewiesen, die auf einer leichten psychischen Störung beruht und die sich manchmal auch bei Führungskräften feststellen lässt. Es geht um den körperlichen Abstand zwischen zwei Personen bei einer Unterhaltung.

Jeder normale Mensch hält automatisch einen Anstandsabstand ein,

der ungefähr in der Größenordnung einer Armlänge liegen soll. Rückt jemand einem näher auf die Pelle, wird es unangenehm, ganz besonders, wenn sich zu dem zu geringen Anstandsabstand noch die Eigenschaft einer feuchten Aussprache oder Mundgeruch gesellt. Leider merken das Menschen nicht, bei denen das natürliche Abstandsgefühl fehlt. Ein Zurückweichen schützt selten. Der Aufdringliche rückt nach. Sich hiergegen zu wehren, kann je nach Gegenüber einfach oder schwierig sein. Dem Mitarbeiter oder Kollegen kann man klar sagen, dass man sich unterhalb eines gewissen Abstandes unwohl fühlt und ihn bitten, Abstand zu halten. Bei Vorgesetzten wird das schon schwieriger. Bitte beobachte sich jeder einmal selbst, ob er nicht zu den unbewusst Aufdringlichen gehört. Wenn ja, muss man sich bewusst zu einer Änderung zwingen. Man tut nicht nur der Umgebung damit einen Gefallen, sondern insbesondere sich selbst. Wer will schon, dass einem seine Mitmenschen eigentlich wegen einer Nichtigkeit ausweichen?

Kontrollieren

Vertrauen ist gut, Kontrolle ist besser!

Ein Spruch, den jeder kennt und der einfach richtig ist. Natürlich empfindet ein Mitarbeiter Kontrolle nicht unbedingt angenehm, möglicherweise versucht er sich auch dagegen zu wehren. Aber ohne Kontrolle geht es nicht. Begibt sich die Katze aus dem Haus, tanzen die Mäuse auf dem Tisch. Ohne Kontrolle kommt die Führungskraft früher oder später in Teufels Küche, weil sie für die Arbeit der Mitarbeiter die Verantwortung zu übernehmen hat. Verantwortungsübernahme im Blindflug führt unweigerlich zum Crash. Die Frage heißt also nicht, ob Kontrolle, sondern wie Kontrolle.

Die Kontrolle bezieht sich nur in Ausnahmefällen auf einen Mitarbeiter selbst, in der Regel geht es um eine ihm gestellte Aufgabe. Eine Kontrolle des Mitarbeiters selbst bedeutet z. B. seine Anwesenheit an seinem Arbeitsplatz, die Einhaltung von Pausen oder Privatgespräche am Telefon zu kontrollieren. Kontrollen dieser Art sollten nur bei entsprechenden Auffälligkeiten erfolgen. Bei der Kontrolle einer erfolgreichen Aufgabenerledigung geht es um eine Einhaltung von vorgegebenen Zeiten und um die Erreichung eines bestimmten Zieles, meistens eines Qualitätszieles. Eine Führungskraft gibt z. B. die Anweisung, ein Angebot an einen Kunden bis zu einem bestimmten Datum zu erstellen. Die Kontrolle funktioniert in der Weise, dass die Führungskraft sich den Vorgang auf Termin legt und sich die Erledigung nachweisen lässt. Zumindest hat eine Erledigungsmeldung zu erfolgen. Bei weniger fähigen Mitarbeitern scheint es angebracht, einen Termin für einen Zwischenbericht festzusetzen, um eine zeitgerechte Erledigung zu gewährleisten. Je wichtiger die Aufgabe, desto häufiger muss kontrolliert werden. Bei wichtigen Aufgaben hat die Führungskraft ständig am Ball zu bleiben. Sie muss zu jeder Zeit über den Stand der Arbeit informiert sein. Uninformiert gibt sie unnötig Blößen preis. In diese Situation gerät sie unweigerlich, weil sich bei wichtigen Aufgaben auch Vorgesetzte oder Kollegen für den Stand der Angelegenheit interessieren und sich Informationen besorgen. Die Führungskraft sieht schlecht aus, wenn nicht direkt Betroffene besser Bescheid wissen.

Ein gesunder Druck auf einen trägen Mitarbeiter kann ausgeübt werden, indem man ihn mit der Präsentation seines Arbeitsergebnisses vor einer berechtigt interessierten Gruppe beauftragt und den Auftrag terminiert.

Bei der Vergabe von Aufgaben an ein Gremium, wie eine Arbeitsgruppe oder eine Kommission, sollte für jede Sitzung ein Sitzungsprotokoll erstellt und vorgelegt werden. Oft haben Gruppen oder Projektleiter die Neigung, die Arbeit der Gruppe in eine eigene, ihnen genehme Richtung zu lenken, die mit dem eigentlichen Auftrag nichts mehr zu tun hat. Einem solchen Ausbüxsen kann die Führungskraft nur entgegenwirken, wenn sie entweder selbst an Sitzungen teilnimmt oder eben Protokolle prüft.

An Stelle der Überprüfung von schriftlichen Vorlagen oder Protokollen sind auch mündliche Statements sinnvoll, speziell wenn sie vor einem Gremium abgegeben werden. Bei langfristigen Projekten haben sich Statements in regelmäßigen Abständen bestens bewährt, bei denen sowohl die Projektgruppe als auch die im Unternehmen betroffenen und deshalb interessierten Bereiche vertreten sind. Wichtig ist die im Voraus festgelegte Regelmäßigkeit. Es sollten auch dann Sitzungen stattfinden, wenn das Statement nur besagt, dass es im letzten vergangenen Zeitraum aus zu nennenden Gründen keine Besonderheiten gab. Lässt die Führungskraft zu, dass eine solche Situation zum Anlass genommen werden kann, ein Statement ausfallen zu lassen, so werden mit Sicherheit zukünftig auch Statements mit dieser vorgeschobenen Begründung aus Bequemlichkeit nicht stattfinden. Lieber eine 5-Minuten-Sitzung, die allseits Klarheit und Sicherheit schafft, als gar keine Sitzung!

Damit wird auch das Thema Konsequenz angesprochen. Führung funktioniert auf Dauer nur, wenn die Mitarbeiter sie als konsequent wahrnehmen. Nachlässigkeiten der Führungskraft werden immer ausgenutzt. Deshalb ist es ungeheuer wichtig, Konsequenz in eigenen Angelegenheiten zu demonstrieren und Konsequenz in der Kontrolle der Mitarbeiter walten zu lassen.

Führungsschwächen fangen an, wenn die Konsequenz nachlässt!

Wie reagiert die Führungskraft auf Mängel, die sie bei der Kontrolle feststellt? Das kommt auf den Mitarbeiter und die Art des Mangels an. Einmalige Versehen oder Nachlässigkeiten erfordern weniger Reaktion als grobe. Bei Kleinigkeiten genügt ein Hinweis. Die nächsten Stufen bedeuten mehr oder weniger starke Kritik mit einer Steigerung hin zu einem Einsatz des Mitarbeiters in anderen, einfacheren Arbeitsgebieten, im schlimmsten Fall auch Trennung.

Nachsicht sollte die Führungskraft üben, wenn ein Mitarbeiter mit einem vollkommen neuen Projekt beauftragt wird, dessen Ergebnis vollkommen im Ungewissen liegt. Hier müssen Flops erlaubt sein. Wer in dem Fall unangemessene Kritik anbringt, verhindert Innovationen. Oft reicht eine erfolgreiche Aktion, um neun Flops auszugleichen. Besondere Anforderungen an eine Kontrolle stellen »betrugsgefährdete Bereiche«. Hierzu zählen alle Bereiche, bei denen häufige Zahlungsströme veranlasst werden, und Bereiche, die für die Vergabe von attraktiven Aufträgen zuständig sind, wie z. B. ein Immobilienbereich. Eine einzelne Führungskraft wird mit der alleinigen Kontrolle überfordert. Abgesehen davon, dass hier in jedem Fall das »Vier-Augen-Prinzip« gelten muss, bedarf es auch eines verstärkten Revisionseinsatzes. Der Immobilienbereich ist erfah-rungsgemäß besonders gefährdet. Ein Wechsel der verantwortlichen Personen in einem 2-Jahres-Rhythmus sollte unbedingt bedacht werden.

Feed-back

Feed-back heißt übersetzt Rückkopplung, Zurückleitung. Der Begriff Feed-back hat keine Bedeutung im Zusammenhang mit einem Meinungsaustausch oder einer Diskussion. Feed-back bedeutet die Rückkopplung eines Eindrucks, der an anderer Stelle entstand.

Ein Feed-back ist ohne Kommentar und erst recht ohne Rechtfertigung hinzunehmen.

Warum?
Mit einem Kommentar oder einer Rechtfertigung kann ein Feed-back nicht verändert werden. Ein einmal entstandener Eindruck lässt sich nicht rückwirkend abändern, sondern nur für die Zukunft. Diese Erkenntnis hat Bedeutung. Wenn eine Führungskraft negative Eindrücke, die ihre Sphäre betreffen, verbessern will, muss sie an der richtigen Stelle ansetzen. Sie darf nicht dem Irrglauben unterliegen, dass sie bei Kenntnisnahme einer negativen Meinung diese mit Überzeugungsversuchen verbessern kann, auch nicht, wenn die Meinung objektiv falsch liegt. Wenn irgendwo eine objektiv falsche Meinung entstand, lief irgendetwas schief. Das ist der Punkt! Daran muss gearbeitet werden. Wie kam es zu der falschen Meinung? Wie kann man diese Ursache beseitigen und dafür sorgen, dass sie in Zukunft nicht mehr entsteht?

Das Gerücht kam auf, dass der verheiratete Mitarbeiter XY ein Verhältnis mit einer Kollegin angefangen hat. Die Führungskraft stellt den Mitarbeiter zur Rede, nicht als Moralapostel, sondern um negative Auswirkungen auf das Arbeitsklima und auf Arbeitsabläufe zu vermeiden. Der Mitarbeiter erhält das Feed-back, dass dieses Gerücht existiert. Man kann fest davon ausgehen, dass der Mitarbeiter in diesem Gespräch behauptet, das Gerücht entbehre jeder wahren Grundlage. Darauf kommt es aber nicht an. Egal ob wahr oder unwahr, der Betroffene hat in jedem Fall dafür zu sorgen, dass das Gerücht aufhört. Er muss den Anlass für das Gerücht beseitigen. Er darf die Bürotür nicht mehr schließen, wenn er mit der Kollegin etwas bespricht. Er darf sich außerhalb des Betriebes nicht mit ihr zusammen sehen lassen. Darauf kommt es an, nicht auf den Wahrheitsgehalt des Gerüchts. Wenn es wirklich nicht stimmt, kommt wahrscheinlich noch eine besondere Portion Dummheit zur Entstehungsursache hinzu.

Offene Informationen

Das Hauptinteresse einer Führungskraft muss darin liegen, dass in ihrem gesamten Verantwortungsbereich optimale Ergebnisse erzielt werden. Ein optimales Gesamtergebnis kann nur erzielt werden, wenn jeder einzelne Mitarbeiter optimale Einzelergebnisse erzielt. Hierzu muss er aber in die Lage versetzt werden. Unabhängig von der individuellen Qualifikation des Mitarbeiters werden seine Ergebnisse von seiner Kenntnis über das höhere Ziel seiner Tätigkeit, der Kenntnis über die Aktivitäten in seinem Umfeld und von Basiskenntnissen für die Erfüllung der Aufgabe beeinflusst.

Es wurde schon erwähnt, dass schwache Führungskräfte häufig dazu neigen, ihren Mitarbeitern Informationen vorzuenthalten, um mit einem besseren Wissensstand zu glänzen. Eine äußerst kurzsichtige Verhaltensweise, die mehr schadet, als sie Nutzen bringen könnte. Ohne umfassende Informationen können Mitarbeiter nicht erkennen, ob sie wirklich in die richtige Richtung arbeiten. Sie stochern oft im Nebel. Die Arbeitsergebnisse sind entsprechend und schlagen auf die verantwortliche Führungskraft zurück. Mit schlechten Ergebnissen wird die schwache Führungskraft nicht besser, sie bleibt schwach. Sie erkennt nicht, dass die Leistung hoch informierter und qualifizierter Mitarbeiter die Anerkennung des gesamten Verantwortungsbereichs verbessert und die Führungskraft wie ein Fettauge in der Suppe obenauf schwimmt.

Die Informationskultur eines Bereiches prägt die verantwortliche Führungskraft. Ihr Verhalten weist vorbildhaft die Richtung. Die meisten untergeordneten Führungskräfte werden genauso handeln wie sie, wobei regelmäßig Durchgängigkeitsverluste festzustellen sind.

Die vorausschauend denkende Führungskraft gibt alle wesentlichen Informationen an ihre Mitarbeiter weiter und sorgt dafür, dass untergeordnete Führungskräfte genauso handeln!

Die Informationsweitergabe muss unbedingt überprüft werden. Sie funktioniert nicht nur auf Anweisung. »Lieber eine Information zu viel als eine zu wenig« lautet der Grundsatz.

Damit eine Informationsweitergabe nicht dem Zufall überlassen bleibt, wird sie am besten geregelt. Regelmäßig eingehende Informationen wie Fachzeitschriften, Rundschreiben usw. sollten nach einem festen Verteiler weitergegeben werden. Einzelfallbezogene Papierinformationen werden am besten von der Führungskraft handschriftlich mit einem Verteiler versehen. Mündliche Einzelinformationen erfolgen in Routinegesprächen oder nach Eilbedürftigkeit in Telefonaten oder Einzelrücksprachen. Generelle Informationen für einen größeren Mitarbeiterkreis werden in regelmäßigen Bereichs-, Abteilungs- oder Gruppengesprächen weitergegeben. Die Führungskraft sollte dafür sorgen, dass derartige Gespräche durchgängig bis zur Einbeziehung des letzten Sachbearbeiters bzw. Mitarbeiters stattfinden.

Mitarbeiterförderung

Vor der Förderung des Mitarbeiters steht die Forderung. Hierbei trennt sich meistens schon die Spreu vom Weizen.

Ein Mitarbeiter, der sich nicht bereit zeigt, Vorleistungen zu erbringen, erfüllt schon eine der ersten Forderungen an eine Führungskraft nicht!

Ein Mitarbeiter, der vollkommen abwegige Vorleistungen des Unternehmens wünscht, eignet sich nicht für eine Führungsposition. Im Berufsleben ist es nun einmal so, dass Führungskräfte nur durch überdurchschnittlichen Einsatz nach oben kommen. Der überdurchschnittliche Einsatz wird nirgends zeitgleich mit seiner Erbringung belohnt, sondern immer nur im Nachhinein und selten vollständig. Für den geeigneten Mitarbeiter kommt die Belohnung seines Einsatzes aber durch eine Beförderung zur Führungskraft. Für einen weiteren Aufstieg geht dasselbe Spiel aber weiter.

Wie alles sollte auch die Mitarbeiterförderung nicht Zufällen überlassen bleiben, sondern geregelt erfolgen, bei großen und guten Unternehmen innerhalb eines Personalentwicklungskonzepts. Eine spezielle Qualifikation einer Führungskraft besteht darin, für höhere Aufgaben geeignete Mitarbeiter zu erkennen und sich ihrer Weiterentwicklung anzunehmen. Eine, aber nicht die wichtigste Voraussetzung sind überdurchschnittliche Fachkenntnisse. Werden diese erkannt und haben sie sich gefestigt, sollten dem Mitarbeiter angemessene Entscheidungsbefugnisse eingeräumt werden. Dieser erste bedeutende Vertrauensbeweis erhöht die Motivation und bedeutet den ersten Schritt hin zur Führungskraft.

Wird darüber hinaus der Wille zum Fortkommen und der Biss, den Willen auch durchzusetzen, erkannt, sollten Mitarbeiter, die in diesem Sinne auffallen, von der Führungskraft zur Leitung kleinerer Projekte eingesetzt werden. Schafft der Mitarbeiter es, diese Projekte erfolgreich durchzuführen, hat er sich für weitere Förderungs-maßnahmen qualifiziert. Der Anspruch an Erfolg darf aber in dieser Phase nicht überzogen werden. Den förderungswürdigen Mitarbeitern müssen auch Chancen zum Fortkommen gegeben werden. Eine Überforderung schadet weniger als eine Unterforderung. Man erlebt immer wieder, dass Mitarbeiter mit ihren Aufgaben wachsen und mit der schwierigen Aufgabe zu Leistungen fähig werden, die man ihnen vielleicht nicht zugetraut hat. Die nächste Stufe sollte die Teilnahme an geeigneten Führungsschulungen sein, die der Führungskultur des Unternehmens oder qualifizierten Vorstellungen der Führungskraft entsprechen. Danach steht eine Beförderung in die unterste Reihe des Führungskaders an, was üblicherweise die Position eines Gruppenleiters bedeutet. Wenn im Unternehmen möglich, stärkt es die junge Führungskraft ungemein, wenn sie vor der Übernahme der Leitungsfunktion über mehrere Stellen im Hause rotieren kann. Dabei sammelt sie zusätzliche Erfahrungen und gewinnt an persönlicher Sicherheit. Ein wesentlicher Vorteil liegt auch darin, dass sie Abstand zum bisherigen Tätigkeitsbereich und besonders zu den bisher gleichrangigen Kollegen erlangt. Die Akzeptanz der jungen

Führungskraft verstärkt sich damit wesentlich besser, als wenn sie sich nur mit größten Anstrengungen innerhalb des bisherigen Kollegenkreises freischwimmen muss.

Engagierte Führungskräfte empfinden es als Schande, wenn sie erkennen, dass es bei grundsätzlich fähigen Mitarbeitern oft am Willen zum Fortkommen fehlt.

Sie streben mehr ein ruhiges, wenig stressiges Leben an, ohne die Möglichkeiten zu ergreifen, die ein höheres Einkommen bietet.

Leider stellt man diese Einstellung häufig bei Frauen fest,

die sich zusätzlich scheuen, Führungsfunktionen zu übernehmen – ein wesentlicher Grund dafür, dass in Führungspositionen Frauen viel zu wenig repräsentiert sind. Zu verurteilende zu kritische Einstellungen gegenüber Frauen in Führungspositionen, die häufig in der Männerwelt anzufinden sind, sollen hierbei aber nicht heruntergespielt werden. Wie auch immer, dort wo Wille und Biss fehlen, lohnen sich keine Überredungsanstrengungen. Selbst wenn die Überredung gelingt, wird es auf Dauer an Führungserfolg fehlen.

Keine Führungskraft kann sich bei der Auswahl der zu fördernden Mitarbeiter davon freisprechen, von Sympathien beeinflusst zu werden. Das muss in normalen Maßen nicht verwerflich sein. Die besondere Sympathie wird dabei dem Mitarbeiter zuteil, der den Idealvorstellungen der Führungskraft am meisten entspricht. Was sind die Idealvorstellungen?

Jede Führungskraft sucht am liebsten ihr Ebenbild.

Da sie dieses kaum und wahrscheinlich auch zum Glück nicht finden kann, wirken andere Kriterien mit. Dabei besteht die große Gefahr, dass die Führungskraft sich von Äußerlichkeiten zu sehr beeinflussen lässt. Der Mitarbeiter, der ihr nach dem Munde redet, hat oft ungerechtfertigte Vorteile. Auf »Schleimer« sollte sie nicht hereinfallen, auch wenn sie das Ego schwacher Führungskräfte stärken. Auf Schleimer ist kein Verlass! Niemand sollte verkennen, dass die devote Verbeugung der Schleimer immer nur dem Thron gilt, nie dem Inhaber. Sobald ein Neuer den Thron besteigt, werden Schleimer schnell zu Gegnern des bisherigen Inhabers. Für Unerfahrene eine traurige Konsequenz, aber realistisch. Für die erfahrene Führungskraft kommt das nicht überraschend und sie erlebt keine Enttäuschung. Sie sucht nicht nach Mitarbeitern, die ihr »in den Hintern kriechen«, sie umgibt sich mit den besten Leuten, die sie bekommen kann. Das sind meistens gerade nicht die, die einem nach dem Munde reden, es sind eher die schwierigen Leute.

Die Besten sind leider oft schwierig,

bieten aber den großen Vorteil, dass die Führungskraft mit dem Erfolg dieser guten Leute nach oben getragen wird. Egal, wie hoch die Suppe kocht, die Führungskraft schwimmt als Fettauge immer obenauf. Nur schwache Führungskräfte erkennen das nicht und scheuen sich vor guten Leuten, die vielleicht einmal an ihnen vorbeiziehen könnten. Sie umgeben sich lieber mit schwachen Mitarbeitern. So zeigt sich die Qualität der Mitarbeiter häufig als ein gutes Indiz für die Qualität der Führungskraft.

Gute und bissige Mitarbeiter finden sich natürlich auch in benachbarten Abteilungen und Bereichen. Wenn sie einen übersteigerten Biss haben, verstehen sie es manchmal, einer Führungskraft das Leben mit häufiger und überzogener Kritik schwer zu machen. Wenn es auf normaler Verhaltensebene keine Möglichkeit gibt, sie zu bremsen, kann eine sinnvolle Lösung darin bestehen, sie in die eigenen Reihen zu holen. Dem amerikanischen Präsidenten Lyndon B. Johnson wird in diesem Zusammenhang der Ausspruch nachgesagt: »I'd rather have him inside my tent pissing out, than outside the tent pissing in.«

In positiven Extremfällen wird die Qualität der Führungsmannschaft und der Mitarbeiter zusätzlich noch durch einen stetigen Auswahlprozess verbessert. Unter Umständen dadurch, dass man sich jedes Jahr von den am schlechtesten beurteilten Mitarbeitern trennt. Spätestens ab dem dritten Jahr, in dem diese Maßnahme durchgeführt wird, muss aber mit erheblichen Widerständen der Führungskräfte gerechnet werden. Sie müssen die Maßnahme ja vollziehen. Besser scheint es, eine Trennung von Spreu und Weizen in Abständen von zwei oder drei Jahren vorzunehmen, wenn ein solches Vorgehen überhaupt in die Firmenphilosophie passt.

Der Stellenwechsel

Wie sehen fähige Mitarbeiter oder Führungskräfte ihre Lage, wenn sie im Unternehmen nicht weiterkommen oder aus sonstigen Gründen mit der aktuellen Situation unzufrieden sind?

Es gibt nur zwei Möglichkeiten. Entweder die aktuelle Situation wird mit allen Konsequenzen so akzeptiert, wie sie ist, oder es hilft nur der Wechsel!

Wird die Situation akzeptiert, muss die Unzufriedenheit ad acta gelegt werden. Es bringt keinem Beteiligten etwas, wenn die Unzufriedenheit als Dauerlast das Betriebsklima stört. Wer sich zu einem Wechsel entscheidet, sollte auf keinen Fall aus einer Verärgerung heraus überstürzt kündigen, auch wenn das eine momentane Genugtuung mit sich bringt. Die Genugtuung wird schnell der Sorge um einen vernünftigen neuen Arbeitsplatz weichen und dann tritt eine Ernüchterung ein, die einem voreilige Schritte Leid tun lässt. Ruhe bewahren! Hochgehende Emotionen kühlen von selbst wieder ab. Gegebenenfalls auch an die Sicherheit der Familie denken. Erst wenn Verhandlungen mit einem neuen Arbeitgeber erfolgreich abgeschlossen sind, sollte eine Kündigung ausgesprochen werden.

Ein Wechsel hat auf die Lebensumstände des Betroffenen unterschiedlich gravierende Auswirkungen. Dabei kommt es auf die Art des Wechsels an:

- innerhalb des Unternehmens am selben Standort,
- am selben Standort zu einem anderen Unternehmen derselben Branche,
- am selben Standort zu einem anderen Unternehmen einer anderen Branche,
- innerhalb des Unternehmens zu einem anderen Standort
- zu einem anderen Unternehmen derselben Branche an einem anderen Standort
- zu einem anderen Unternehmen einer anderen Branche an einem anderen Standort

Der finanziell am meisten belastende Wechsel erfolgt an einen anderen Standort. Ein Wechsel ins Ausland muss dabei nicht zwangsweise teurer sein als im Inland. Wenn nicht ein sehr attraktives Angebot aus einer der oben aufgeführten Kategorien kommt, empfiehlt es sich, die Suche innerhalb der obigen Stufen der Reihe nach vorzunehmen. Ein

Standortwechsel bedeutet in der Regel den größten Einschnitt. Er darf aber bei einer entsprechenden Einkommensverbesserung und Verbesserung der Zukunftsaussichten nicht gescheut werden. Wenn sich für einen Mitarbeiter bessere Chancen woanders bieten, sollte sich seine Führungskraft einem Wechsel nicht in den Weg stellen, wenn auch der Weggang eines guten Mitarbeiters schmerzt. Ein Weggang eines engagierten und strebsamen Mitarbeiters kann nur verhindert werden, wenn ihm früh genug Entwicklungschancen aufgezeigt und auch geboten werden. Das gehört zu einem guten Personalentwicklungs-Programm dazu.

Die Förderung junger, begabter Mitarbeiter ist die vornehmste Aufgabe einer Führungskraft!

Die erfolgreiche Entwicklung von Mitarbeitern aus dem eigenen Bereich zu steuern und zu begleiten, bereitet einer souveränen Führungskraft höchste Befriedigung.

Das Abwerben eines Mitarbeiters aus einem anderen Bereich und das Anlocken mit vielleicht sogar falschen Versprechungen muss als verwerflich angesehen werden. Dieses Verhalten bringt den betroffenen Mitarbeiter in Konflikte, der Führungskraft auf Sicht nur Ärger und hat keinen nachhaltigen Erfolg. Sollten die Umstände aber stimmen, sollte zwischen den beiden betroffenen Führungskräften wegen des Wechsels des Mitarbeiters keine Missstimmung entstehen. Häufig anzutreffen, wenn sich die beiden Führungskräfte gut kennen. Besser, der wechselwillige, gute Mitarbeiter wechselt innerhalb des Unternehmens oder zu einer befreundeten Führungskraft, als dass das Unternehmen ihn gänzlich aus den Augen verliert. Dieser Mitarbeiter geht früher oder später sowieso, warum also nicht zu einer bekannten Stelle?

Wenn ein einmal durchgeführter Wechsel auf Dauer nicht den erwünschten und erwarteten Erfolg bringt, fördert die erlebte Enttäuschung nicht selten den Wunsch, wieder zum alten Arbeitgeber zurückzukehren. Viele Arbeitgeber lehnen das ab. Sie handeln nach dem Grundsatz: »They never can come back«. Diesen Grundsatz trifft man besonders bei Unternehmen mit einer hohen Firmenkultur und einem großen Potenzial an Nachwuchskräften an. Was ist davon zu halten? Nun, wer gute Kräfte von draußen nicht braucht, befindet sich in einer guten Position und kann sich stolzes Verhalten leisten.

Wer auf gute, neue Kräfte angewiesen ist, sollte sich allerdings die Chance der Rückgewinnung guter Mitarbeiter nicht entgehen lassen!

Sie bietet nicht zu verachtende Vorteile. Zum einen setzt sie ein Zeichen für die vorhandenen Mitarbeiter, die jetzt von neutraler Stelle erfahren, dass woanders lange nicht alles Gold ist, was glänzt, zum anderen gewinnt das Unternehmen einen Mitarbeiter zurück, der einen in der Regel deutlich höheren Erfahrungsschatz besitzt als vor seinem Ausscheiden. Wie gerne würde manche Führungskraft gute, aber zu unerfahrene Mitarbeiter für eine gewisse Zeit zur Konkurrenz entsenden, wenn damit nicht die Gefahr des Dauerverlustes verbunden wäre. Zum guten Schluss kehrt ein stärker als vorher motivierter Mitarbeiter zurück, der sich nicht mehr von Wechselgedanken ablenken lässt.

Wie sollte ein Mitarbeiter oder eine Führungskraft reagieren, wenn ihnen selbst eine bessere Position im Unternehmen angeboten wird? Die Antwort fällt nicht schwer, wenn die neue Position vom Betroffenen attraktiv empfunden wird. Schwerer gestaltet sich die Entscheidung, wenn der Reiz des angebotenen Bereichs unter objektiven oder subjektiven Gesichtspunkten gering eingestuft werden muss. Es kann immer gefährlich für ein weiteres Fortkommen sein, einen Wunsch oder einen als Angebot formulierten Wunsch der Unternehmensleitung abzulehnen. Die Ablehnung führt regelmäßig dazu, in näherer Zukunft für weiterführende Positionen keine Berücksichtigung mehr zu finden. Andererseits muss man sich klar darüber werden, was für einen selbst Priorität hat, das Fortkommen oder die Zufriedenheit mit einer Tätigkeit im momentanen Arbeitsgebiet. Beides kommt selten zusammen. Eine richtige Entscheidung darüber kann der Betroffene nur ganz nüchtern für sich selbst treffen. Die Beratung durch Außenstehende führt in der Regel zu falschen Ergebnissen. Außenstehende haben wenig Verständnis dafür, dass ein für den jetzigen Bereich hoch qualifizierter Mitarbeiter zu einem fremden Bereich wechselt, in dem sein hohes Fachwissen nicht mehr zur Anwendung kommen kann.

Wer nach Höherem strebt, muss bereit sein, die praktische Anwendung seines hohen Fachwissens einer zukünftigen oder zukünftig höheren Führungsposition zu opfern!

Die erfolgreiche Führungskraft bereut ihre Entscheidung nur selten.

Einarbeitung neuer Mitarbeiter

Nicht nur allgemein, sondern speziell auch bei diesem Thema prägt der erste Eindruck für lange Zeit, wenn nicht sogar für alle Zeit. Der neue Mitarbeiter, der das Unternehmen an seinem ersten Arbeitstag auf sein Erscheinen unvorbereitet antrifft, muss schon sehr persönlichkeitsstark sein, um nicht an seiner Entscheidung für dieses Unternehmen zu zweifeln. Kaum zu glauben, wie häufig es vorkommt, dass neue Mitarbeiter noch nicht einmal einen einsatzbereit eingerichteten Arbeitsplatz antreffen. Die nicht ganz praxisfremde Spitze erlebt man, wenn noch gar kein Arbeitsplatz vorhanden ist und am ersten Tag überlegt werden muss, wo man den Neuen denn hinsetzt und die Kollegen überhaupt nicht darüber informiert waren, dass ein neuer Mitarbeiter kommt. Natürlich sind das Extremfälle, meistens hapert es überflüssigerweise an Kleinigkeiten.

Die Grundvoraussetzungen des ersten Tages sind:

- **der Neue wird von seinem Chef empfangen**
- **der Chef hat ausreichend Zeit für ein ausführliches Einführungsgespräch**
- **es liegt ein schriftlicher Einarbeitungsplan vor**
- **der Chef führt den Neuen an seinen voll eingerichteten Arbeitsplatz**
- **der Neue wird mit seinen Kollegen bekannt gemacht**
- **dem Neuen wird aus dem Kollegenkreis ein Pate zur Seite gestellt, der**
  - **ihn bei weiteren wichtigen Kollegen bekannt macht**
  - **ihn zum Mittagstisch begleitet**
  - **ihm für alle administrativen Fragen zur Verfügung steht (z. B. Parkplätze, Garderobe, sanitäre Anlagen, Verpflegung, Automaten, Betriebsbücherei, Sportgemeinschaft, Betriebsarzt)**
- **alle Mitarbeiter im Umkreis wurden über die neue Situation informiert**

Einen bleibenden Eindruck macht es, wenn dem Neuen zum Empfang an seinen Arbeitsplatz ein schöner Blumenstrauß hingestellt wurde.

Neue Mitarbeiter müssen von der Führungskraft grundsätzlich in der ersten Zeit sehr eng geführt werden, damit sich gar nicht erst falsche Einstellungen bei ihnen ergeben, die später nur schwierig wieder beseitigt werden können.

Enge Führung heißt, sich in ganz kurzen Abständen berichten lassen

über alle Vorgänge, die angefallen sind und über deren Behandlung. Gerade zu Beginn der Zusammenarbeit ist es ungeheuer wichtig, sehr schnell den neuen Mitarbeiter richtig einzustimmen.

Nach einem Monat sollte die Führungskraft mit dem Mitarbeiter folgende Punkte besprechen:

- Haben sich die Erwartungen des neuen Mitarbeiters erfüllt?
- Zu welchen Punkten hat sich der Mitarbeiter andere Vorstellungen gemacht?
- Eine erste Beurteilung.
- Entspricht die neue Tätigkeit seinen Erfahrungen, Neigungen und Fähigkeiten?

Insbesondere, wenn der Vorgänger im Amt aus unerfreulichen Gründen ausschied und hierüber bei nahen oder entfernten Kollegen oder Führungskräften eine Missstimmung aufkam, neigen einige dazu, diese Missstimmung dem Neuen zuzuschreiben, der natürlich an der Entstehung dieser Situation überhaupt keinen Anteil hat. Dem Neuen wirkt dann Misstrauen und Unfreundlichkeit entgegen. Das kann darin gipfeln, dass ihm offen kundgetan wird, dass man das Ausscheiden des Vorgängers nicht nur bedauert – was, obwohl unangebracht, noch akzeptabel wäre –, sondern dass man glaubt, der Neue sei niemals in der Lage, gleichwertigen Ersatz zu bieten. Eine primitive Einstellung, die sich je nach Position des Neuen irgendwann einmal rächt, wenn dieser sich etabliert hat und sich eine passende Situation ergibt.

Eine ganz spezielle Konstellation ergibt sich, wenn ein Kollege selbst gehofft hat, die Position des Neuen einnehmen zu können. Eigentlich hat er mit der Entscheidung über den Einsatz des Neuen schon verloren und damit nur wenig oder überhaupt keine Chancen mehr, die Situation in seinem Sinne zu verändern. Wenn er trotzdem zu dem Versuch neigt, den Neuen vom Thron zu stoßen, muss er sich bewusst sein, dass er seinen Job verliert, wenn er die neue Situation nicht akzeptiert.

»When you can't beat him, join him!«

lautet hierbei die vernünftigste Einstellung.

Es werden auf anderen Gebieten kaum so viele Fehlentscheidungen getroffen wie bei der Personaleinstellung. Niemand ist davor gefeit. Aber wie geht man mit einer erkannten Fehlentscheidung um? Die Führungskraft, die die falsche Entscheidung getroffen hat oder die mit dem neuen Mitarbeiter direkt zusammenarbeitet, muss den Fehlgriff rückgängig machen und das so schnell wie möglich. Einen ungeeigneten Mitarbeiter auf seiner neuen Position zu belassen bringt nur nachhaltige Probleme für den Mitarbeiter selbst, den Vorgesetzten und nicht zuletzt für das Unternehmen. Notwendige Unannehmlichkeiten – sofort!

Innerhalb einer vereinbarten Probezeit bereitet eine Trennung keine größeren Probleme. Allerdings darf nicht übersehen werden, dass die Fehlentscheidung der Personalverantwortlichen den Betroffenen in arge Schwierigkeiten bringen kann. Möglicherweise hat er einen gesicherten Arbeitsplatz verlassen zu dem er nicht wieder zurück kann. Vielleicht hat er seinen bisherigen Wohnort aufgegeben und eine Familie zu versorgen. Wenn es irgendwie möglich erscheint, sollte der Betroffene mit diesen Problemen nicht alleine gelassen werden. Die soziale Verantwortung eines seriösen Unternehmens gebietet es, nach für alle Beteiligten tragbaren Ersatzlösungen zu suchen.

3. Führungsinstrumente für das Middlemanagement

- **Roulierende Mehrjahresplanung**
- **Zielvorgaben**
- Bonusziele
- **Produktivitätskennziffern (PKZ)**
- Externe oder interne Produktivitätsmessung
- **Notwendiger Personaleinsatz (Headcount)**
- **Produktivitäts- und Headcount-Berechnung**
- **Kontrolle der Arbeitsqualität**
- **Beurteilungsgespräche**
- **Gehalt**
- **Routinegespräche**
- **Round-Table-Gespräche**
- Nachwuchserkennung
- **Schulungspläne**
- **Projektplanung**
- **Stellenbeschreibungen**
- **Bewerbergespräche**
- **Assessmentcenter**
- **Krieger – Kreis der wichtigsten Führungsinstrumente**

Roulierende Mehrjahresplanung

Eine Planung ist die Bekämpfung des Zufalls!

Niemand plant den Misserfolg, aber viele haben Misserfolg bei der Planung.

Über Sinn und Unsinn einer Mehrjahresplanung wird in allen Unternehmen diskutiert. Die Gegner verweisen darauf, dass die Planziele sowieso nicht erreicht werden, selbst wenn sie nicht fünf Jahre entfernt liegen, sondern nur eins. Mit diesem Hinweis haben sie in der Regel Recht, er unterstellt allerdings, es sei Sinn der Planung, die dort festgelegten Ziele unbedingt zu erreichen. Das kann sein, wenn das Unternehmen Zwängen unterliegt, das muss aber nicht sein. Sinn der Planung kann genauso gut sein, eine Vision aufzuzeigen, die nach Möglichkeit erfüllt werden soll.

Keine Planung aufzustellen heißt, ins Blaue hinein zu leben und das Geschäftsergebnis mehr oder weniger als zufällig hinzunehmen.

Das kann in einer florierenden Branche durchaus funktionieren. Nur, wer kann behaupten, dass es mit einer anspruchsvollen Planung nicht besser funktionieren würde? Schlechter wird es jedenfalls nicht gehen, auch wenn eine Planung Aufwand verursacht. Was nicht gemessen wird, kann nicht gemanagt werden!

Allein das Setzen eines Jahreszieles für ein Geschäfts- oder Bilanzergebnis kann schon als Planung angesehen werden, allerdings allein nur unzureichend. Vor allen Dingen dient das geplante Bilanzergebnis zum Jahresende als Basis für das Managen der Geschäftstätigkeit im Laufe des Jahres.

Managen bedeutet:
- **Festlegung eines Zieles**
- **Festlegung von zeitlichen Zwischenzielen**
- **Feststellung des derzeitigen Standes**
- **Planung von Maßnahmen zur Zielerreichung**
- **Kontrolle, ob Zwischenziele erreicht wurden**
- **Bei Zielabweichungen Abweichungsanalyse und Planung neuer Maßnahmen oder**
- **Festlegung neuer Ziele**

Eine Mehrjahresplanung ist unabdingbar, wenn erkennbar wird, dass zur Erzielung bestimmter Geschäftsergebnisse lang- oder mittelfristige Vorbereitungen getroffen werden müssen, sei es eine notwendige Kapitalbeschaffung oder Personalein- oder -ausstellungen. Ohne entsprechende Vorbereitung wird es teurer. Kein wirklicher Manager stellt die Notwendigkeit einer Planung infrage. Die Planung als Inbegriff des Managens schließt Manager und Nichtplanen aus.

Auf welche Dauer eine Mehrjahresplanung angelegt werden soll, hängt vom Ehrgeiz der Geschäftsleitung und von eventuellen Vorgaben der Unternehmenseigentümer ab. Im Normalfall wird zwischen einer Dreijahres- oder Fünfjahresplanung entschieden. Nach dem Planungszeitraum muss über den Detaillierungsgrad der Planung befunden werden. Den gröbsten Parameter ergibt das Bilanzergebnis, der aber alleine noch nicht viel Sinn macht. Eine gute Planungssicherheit und einen guten Überblick gibt eine komplette Plan-GuV jeweils für die einzelnen Planjahre.

Daraus können weitere Detailplanungen für die einzelnen Unternehmensbereiche abgeleitet werden, z. B. für

- **das Rechnungswesen** die Planung
  - des Cashflows
  - des Kapitalbedarfs
  - der Kapitalerträge

- **den Vertrieb** die Planung
  - der notwendigen Absatzmengen
  - der notwendigen Anzahl von Verkäufern
  - des Vertriebsbudgets

- **die Personalabteilung** die Planung
  - der Mitarbeiteranzahl
  - von Schulungsmaßnahmen

- **die Verwaltungsbereiche** die Planung
  - von Materialeinkauf usw.

Für die abgeleitete Detailplanung sind nicht nur die monetären Bilanzwerte notwendig, sondern auch die dazu gehörenden Stückzahlen und Einzelwerte, die miteinander multipliziert die Bilanzwerte ergeben. Damit während des Jahres die Plan- mit den IST- Zahlen verglichen werden können, muss die Jahresplanung auf Zwischenzeiträume hinuntergebrochen werden. Wie groß diese sind, hängt von den Möglichkeiten des Berichtswesens ab. Ideal sind Monatszahlen.

Ein übersichtlicher Aufbau eines Monatsberichtes für z. B. Mai kann wie folgt aussehen:

Position	Monats-IST-Werte			kumulierte IST-Werte			VIST-/Plan-Werte zum Jahresende				
	IST GJ	IST VJ	Diff %	IST GJ	IST VJ	Diff %	VIST	IST VJ	Diff %	Plan	Diff %
Erlöse	120	100	20	500	400	25	1200	1043	15	1095	5

Erklärungen:

kumulierte Werte = Jahresmonate aufgelaufen

VIST = Voraussichtliches Ist am Jahresende. Oft nur arithmetische Hochrechnung, besser mit Berücksichtigung saisonaler Schwankungen.

GJ = Geschäftsjahr

VJ = Vorjahr

Mit einer Überarbeitung der Mehrjahresplanung jeweils nach Vorlage des erzielten Bilanzergebnisses und der Verlängerung des Kalenderzeitraums der Planung um ein neues Jahr wird die Planung roulierend. Nun dauern die Bilanzarbeiten in den einzelnen Unternehmen unterschiedlich lange und das Warten auf den Abschluss hieße, die Planung unter Umständen erst gegen Jahresmitte durchzuführen. Da die Planungen in den einzelnen Bereichen aber auch die Grundlage für die Vorgabe von Zielen für die Mitarbeiter bildet, kann nicht so lange gewartet werden. Denn es macht keinen Sinn, Jahresziele erst im Juli vorzugeben. Die in einem solchen Fall notwendige Lösung besteht darin, mit »voraussichtlichen IST-Zahlen (VIST)« zu arbeiten. Gegen Jahresende stehen die meisten Zahlen schon annähernd fest und weichen von den endgültigen Bilanzzahlen nur marginal ab.

Es erstaunt, wie vielen Unternehmen es (scheinbar) gut geht, ohne dass deren Manager auch nur einen Gedanken an eine geordnete und erst recht nicht an eine mehrjährige Planung verlieren. Erst wenn eine Krise schon das Unternehmen erreicht hat, kommen sie auf die glorreiche Idee, dass eine Prognose und eine Mehrjahresplanung angebracht wären. Sie klopfen sich anerkennend auf Grund dieser tollen Idee auf die Schulter in dem Glauben, nun in der Krisensituation hervorragend zu reagieren. Aber meistens zu spät. Das Unternehmen rauschte von den Managern unbemerkt in die Krise. Es gehört mit zu den ersten, die bei Branchenkrisen aus dem Markt geworfen werden.

Eine in der Realität von einer vernünftigen Mehrjahresplanung abweichende Situation wird beim Plan-IST-Vergleich schnell erkannt und muss zu Gegenreaktionen führen. Bei einer gravierend negativen Abweichung müssen Alarmglocken läuten. Es muss sowohl eine Worst-Case-Betrachtung angestellt werden als auch ggf. die Berechnung einer »Überlebenslinie«, d. h. die Umsetzung der befürchteten weiteren Entwicklung in bilanzielle Jahresendwerte (was wäre, wenn?). Und man prüft, ab welchem Entwicklungsstadium Verluste die finanziellen Eigenmittel so weit aufgezehrt haben, dass sie die Fortführung des Unternehmens nicht mehr ermöglichen oder bei vollständiger Aufzehrung die Geschäftsleitung den Gang zum Konkursrichter antreten muss. An so etwas will man in der Geschäftsleitung gar nicht denken, vielleicht ist man von solchen Situationen auch weit entfernt, dennoch:

Bei schlechter Geschäftslage ist es wichtig, die Überlebensgrenzen zu kennen!

Zielvorgaben

Bei der Planung mit Wirkung für Zielvorgaben wie auch bei der Planung einzelner Projekte gibt es zwei mögliche Vorgehensweisen. Entweder nimmt man als Basis zur Entwicklung von Zielvorstellungen die derzeitig vielleicht unzureichenden Gegebenheiten und passt die Zielvorstellungen diesen an. Das bedeutet, von vornherein Abstriche von einer Idealvorstellung zu machen. Oder man entwickelt eine Idealvorstellung losgelöst von allen unzureichenden Gegebenheiten.

Man entscheidet also zwischen einer Zielanpassung und einer Gegebenheitsanpassung!

Angepasste Ziele sind wesentlich einfacher umzusetzen als eine Anpassung der Gegebenheiten, aber diese bringt wesentlich bessere Ergebnisse.

Eine ordentliche Planung stellt den ersten wichtigen Schritt zum Managen des Unternehmensergebnisses dar. Die Geschäftsleitung hat ein konkretes Ziel vor Augen, auf das sie zusteuert und das sie kommunizieren kann. Führungskräfte und Mitarbeiter gewinnen ein gutes Gefühl der Sicherheit. Zum einen, weil sie erkennen, dass die Geschäftsleitung genau weiß was sie will, zum anderen, weil sie den Zusammenhang zwischen ihren eigenen Zielvorgaben und dem Gesamtziel sehen. Der nächste Schritt nach der Planung des Unternehmensergebnisses besteht in einem weiteren Hinunterbrechen der Planzahlen auf die Mitarbeiter von Hierarchiestufe zu Hierarchiestufe. Damit sind für eine Führung eines Unternehmensbereichs und dessen Mitarbeiter zwei nicht hoch genug einzuschätzende Vorteile verbunden:

- Die Führungskraft wird gezwungen, die übergeordneten Ziele auf die ihr untergeordneten Führungsbereiche zu projizieren. Das bedeutet, sie muss sich intensiv überlegen, welche Leistungen sie von jedem einzelnen ihr unterstellten Mitarbeiter erwartet und sie muss diese Erwartungen schriftlich formulieren. Für die Führungskraft, die das zum ersten Mal durchführt, eröffnet sich eine neue Erkenntniswelt.

Die Führungskraft spürt, dass sie führt und sieht, dass der Mitarbeiter spürt, dass er geführt wird!

Vielleicht für beide ein erstmaliges Erlebnis. Allerdings kann man an dem erheblichen Aufwand nicht vorbeisehen. Aber je sorgfältiger die Zielvorgaben erarbeitet werden, desto mehr lohnt sich die Arbeit!

- Der Mitarbeiter bekommt klare Vorgaben und weiß nun genau, was von ihm erwartet wird. Ihm werden Unsicherheiten genommen. Er kennt jetzt die Maßstäbe, die seine Leistung bemessen und er kann selbst zielgerichteter an einer angestrebten Karriere arbeiten. Erfolge und Misserfolge sind eigenständig abschätzbar. Kritik trifft ihn nicht unerwartet. Er kann sich darauf einstellen. Er darf Lob erwarten, wenn er Ziele deutlich übererfüllt.

Vernünftige Zielvorgaben macht man nicht mit links, insbesondere wenn man erkannt hat, welchen positiven Einfluss sie auf das Bereichs- oder Unternehmensergebnis haben können. Die beiden Bereiche, die das Unternehmensergebnis am deutlichsten beeinflussen, sind der Umsatz und die Kosten.

»Ein bisschen mehr Umsatz und ein bisschen weniger Kosten!«

müssen drin sein. Die Wirkung auf das Ergebnis ist enorm. Die Geschäftsleitung plant in diesem Sinne das nächste Jahresergebnis und gibt diese Planung detailliert in Form von einzelnen Zielen an die Mitglieder der nächsten Führungsebene weiter, die wiederum ihre Ziele weiter aufgliedert und weitergibt. Je weiter die betreffende Hierarchiestufe von der Geschäftsleitung und damit vom direkt geplanten Bilanzergebnis entfernt, desto schwieriger kann die Bezogenheit der Ziele auf das Bilanzergebnis eingehalten werden. Darüber hinaus gibt es natürlich auch Ziele, die keinen direkten Bezug auf das Geschäftsergebnis haben, wie z. B. Ziele zur Serviceverbesserung oder Ausbildung der Mitarbeiter. Dennoch muss das geplante Geschäftsergebnis bei den Überlegungen zu Zielvorgaben immer im Fokus stehen. Alle Ziele sollen, wenn auch indirekt, darauf ausgerichtet sein. Damit die Ziele nicht abweichen, macht es Sinn, ihnen bei der schriftlichen Weitergabe eine allgemeine Beschreibung des geplanten Unternehmensergebnisses voranzusetzen und zu erklären, dass die folgenden individuellen Ziele Schritte sind, die zur Gesamtzielerreichung beitragen sollen. Das setzt zum einen jeden Mitarbeiter über die Gesamtziele in Kenntnis, zum anderen wird der Zwang stärker, das Gesamtziel bei der individuellen Zielvorgabe im Auge zu behalten.

In der Praxis hat sich eine grobe Aufteilung der Ziele auf

- Geschäftsergebnisziele und
- Organisatorische Ziele

als sinnvoll herausgestellt. In die erste Kategorie gehören alle Ziele, die direkt auf das Geschäftsergebnis wirken, in die zweite die indirekten.

Das Geschäftsergebnis direkt beeinflussende Ziele sind z. B.:

- Maßnahmen zur Umsatzsteigerung
- Maßnahmen zur Kostenreduzierung (Verbesserung von Produktivitätskennziffern)
- Erarbeitung neuer Produkte und Markteinführung
- Durchführung von Rationalisierungsmaßnahmen usw.

Organisatorische Ziele können z. B. sein:

- Verbesserung der Arbeitsqualität (Senkung der Fehler- oder Ausschussquote)
- Durchführung von Qualifizierungsmaßnahmen für Mitarbeiter
- Aktualisierung von Arbeitsunterlagen
- Organisation eines Internetauftritts
- Bestimmte Ergebnisse einer Projektgruppenarbeit
- Verbesserung der telefonischen Erreichbarkeit usw.

Speziell für Sachbearbeiter können z.B. Ziele in folgenden Bereichen vorgeben werden:

- Besuche von Schulungsveranstaltungen oder Seminaren (welche, bis wann?)
  - Bericht über den Schulungsinhalt
  - Festlegung von Maßnahmen zur Umsetzung der Schulungsinhalte
  - Durchführung der Maßnahmen (Termine)
- Referat über ein vorzugebendes Fachthema bei einem bestimmten Round-table-Gespräch
- Erarbeiten von Vorschlägen zur rationelleren Erledigung der täglichen Arbeitsvorgänge
- Vorschläge zur Serviceverbesserung
  - z.B. durchgehende telefonische Erreichbarkeit von 8 bis 18 Uhr

- dem entsprechende Pausen- und Vertretungsregelungen
- Erledigung eingehender Vorgänge innerhalb von einem oder zwei Arbeitstagen
- Besuch von z.B. drei Außenstellen zur Verbesserung des Kontaktes
- Spezielle Maßnahmen zur Kostenreduzierung (Vorgaben oder Vorschläge machen lassen)

Darüber hinaus vereinfacht es die Zielfestsetzung, wenn man im Kopf hat, dass die meisten sinnvollen Ziele eine Verbesserung der Qualität oder eine Erhöhung der Quantität bestimmter Ergebnisse beinhalten. Wenn die einzelnen Tätigkeiten der Mitarbeiter daraufhin durchforstet werden, fällt es nicht schwer, genügend Zielbereiche zu finden.

Eine Erfüllung der Ziele muss objektiv messbar sein!

Eine Unabdingbarkeit! Hier liegt die häufigste Fehlerquelle bei der Vorgabe von Zielen, die immer wieder zu unnötigen Problemen führt. Probleme, die in manchen Fällen schon zu einem Aufgeben von Zielvereinbarungssystemen geführt haben. Es ist doch klar, dass die Vorgabe von nebulösen Zielen bei Gesprächen über deren Erfüllung zu unterschiedlichen Auffassungen führt. Wenn die Vorgabe lautet: »Verminderung der Reklamationen« ohne eine Festlegung von Reklamationszahlen, kann nur eine gefühlsmäßige Bewertung erfolgen. Aber Gefühle sind individuell und nicht objektiv. Genauso die Vorgabe: »Verbesserung der Arbeitsqualität der Abteilung.« Auch hier wird der Abteilungsleiter am Ende des Jahres behaupten, die Qualität sei wesentlich besser geworden, obwohl der Hauptabteilungsleiter nach wie vor unzufrieden ist. Alle Vorgaben müssen konkret messbar sein.

»Was man nicht messen kann, kann man nicht managen!«

Wie geht man am besten vor? Bereiche mit Messzahlen sind für eine Zielvorgabe unproblematisch, z. B. Umsatzzahlen, Kostenbeträge oder Kostenquoten, Fehler- oder Ausschussquoten, Produktivitätskennziffern usw. Hierzu können überall Zielzahlen oder Zielquoten festgelegt werden. Neben diesen Parametern wird für so nicht erfassbare Ziele auf Zeitvorgaben zurückgegriffen. Das bedeutet, dass ein Ziel zu einem bestimmten Termin erfüllt sein muss.

Beispiel:

	Termine Zielquoten
Organisatorisches Ziel	
Rationalisierung der Arbeitsabläufe	
1. Auflistung aller Arbeitsvorgänge nach prozentualer Gewichtung	bis zum 1. Feb.
2. Darstellung der bedeutendsten Arbeitsvorgänge im Detail	bis zum 1. März
3. Feststellung des Rationalisierungspotenzials in einer Arbeitsgruppe, Tagung	am 15. März
4. Einleitung der Rationalisierungsmaßnahmen Projektanträge	bis zum 1. Juni
5. Abschluss der Rationalisierungsmaßnahmen und Festlegung neuer Produktivitätskennziffern	bis zum 31. Dez.
Ergebnisziel	
Kostenbegrenzung	
Unterschreitung des genehmigten Kostenbudgets	um 5 %

Es wird viele Ziele geben, die nicht zu hundert Prozent erfüllt werden, bei denen aber dennoch durch die Leistung des Mitarbeiters Verbesserungen für das Unternehmen erreicht werden. Von daher ist zwischen Zielen, bei denen es um eine volle Erfüllung geht, und Zielen, bei denen auch eine Teilerfüllung schon ein Erfolg darstellt, zu unterscheiden. Ziele, bei denen es ausschließlich um die volle Erfüllung geht, sind z. B. Zeitziele mit einer Deadline. Gute Beispiele aus der Vergangenheit sind die Umstellung der EDV-Systeme auf den Jahrtausendwechsel und die Währungsumstellung auf den Euro. Bei einer Zeitzielüberschreitung musste das Ziel als nicht erfüllt gewertet werden. Anderes gilt z. B. für das Ziel einer Kostenreduzierung. Wenn es hierbei um die Unterschreitung des genehmigten Kostenbudgets um 5 % geht, so kann eine Unterschreitung von lediglich 1 % als zwanzigprozentige Zielerfüllung gewertet werden.

Die Führungskraft muss sich bei der Zielfestlegung für ihre Mitarbeiter nicht unbedingt auf ihre eigene Kreativität verlassen. Die Mitarbeiter selbst haben oft eigene qualifizierte Vorstellungen über sinnvolle Ziele. Deshalb sollten die Mitarbeiter rechtzeitig vor der Zielerarbeitung aufgefordert werden, eine bestimmte Anzahl, z. B. fünf, eigene Zielvorschläge einzureichen. Die Führungskraft hat dann zu entscheiden, inwieweit diese Vorschläge zu ihren Vorstellungen passen. Eine Übernahme von Zielvorschlägen der Mitarbeiter hat den Vorteil, dass sie sich auf jeden Fall mit diesen Zielen identifizieren. Die Identifikation ist wichtig. Deshalb sollten die Ziele vor endgültiger Festlegung mit dem Mitarbeiter besprochen und abgestimmt werden. Oft kann man feststellen, dass die eigenen Ziele der Mitarbeiter überzogen sind, weil sie sich selbst überschätzen oder als sehr anspruchsvoll gelten wollen. Die Ziele sollen zwar anspruchsvoll sein, aber wenn sie akzeptiert werden sollen, müssen sie auch in den Augen des Mitarbeiters realistisch sein oder sich bei der Ausführung als realistisch erweisen. Erkennt die Führungskraft unrealistische Zielvorschläge, so muss sie diese entschärfen. Sonst fehlt irgendwann die Akzeptanz und damit der nötige Wille, die Ziele auch umzusetzen.

Ein Ziel, an das der Mitarbeiter nicht glaubt, wird ad acta gelegt und hat keinerlei positive Wirkung!

Je häufiger der Mitarbeiter mit überzogenen Zielen konfrontiert wird, desto mehr verliert die gewollte positive Wirkung an Bedeutung. Dagegen ist mit einer Akzeptanz eine Identifikation und Motivation des Mitarbeiters verbunden. Um bezüglich der Akzeptanz eine Rückmeldung vom Mitarbeiter zu erhalten, sollte die schriftliche Ausfertigung der Zielvorgaben mit dem schriftlichen Einverständnis des Mitarbeiters versehen werden.

Die konkreten Zielvorgaben an Mitarbeiter müssen realistisch sein. Das bedeutet nicht, dass eine Vision hoher Unternehmensziele keinen Sinn macht. Sucht man nach der Wurzel großer Leistungen, so stößt man meist auf Größenfantasien. »Nichts Großes ohne einen gesunden Größenwahn!«

Nichts motiviert und nichts bewegt die Mitarbeiter so sehr, wie die Aussicht auf die Teilhabe an etwas Großartigem!

Die durch die persönlichen Ziele gegebene Zielrichtung wird durch das Voranstellen von nicht Bonus abhängigen Unternehmenszielen verstärkt.

Zum Abschluss dieses Themas eine Checkliste zur Überprüfung eines Ziele-Entwurfs:

- Stimmt das Ziel mit der Unternehmensplanung überein oder handelt es sich um ein unabhängiges Bereichsziel?
- Kann der Mitarbeiter den größeren Zusammenhang erkennen?
- Handelt es sich um ein Geschäftsergebnis-Ziel oder um ein organisatorisches Ziel?
- Geht es um eine Verbesserung der Qualität oder um eine Erhöhung der Quantität?
- Ist die Erfüllung des Zieles objektiv messbar?
- Handelt es sich um ein absolutes Ziel oder hilft auch schon eine Teilzielerfüllung?
- Kann der Mitarbeiter sich mit dem Ziel identifizieren?
- Wird der nächst höhere Vorgesetzte das Ziel akzeptieren?

Bonusziele

Die Unternehmensleitung muss entscheiden, ob mit der Vorgabe und der Erfüllung von Zielen auch finanzielle Anreize verbunden werden sollen und wenn ja, welche Hierarchiestufen damit bedacht werden. Grundsätzlich sind finanzielle Anreize sinnvoll. Sie verstärken die Motivation zur Zielerfüllung ungemein. Es erhöht die positive Wirkung für das Unternehmen, wenn ein finanzieller Bonus nicht allein vom gesamten Geschäftsergebnis abhängig gemacht wird. Auf das gesamte Geschäftsergebnis wirken viele Einflussfaktoren. Der Einzelne kann kaum den direkten Einfluss seiner Leistung auf das Ergebnis erkennen, was viele dazu verleitet, anstrengende wertvolle Beiträge zurückzuhalten. Er weiß, dass der finanzielle Rückfluss gleichermaßen auch den Kollegen zugute kommt, die sich eher zurücklehnen. Das verringert den Motivationsgrad. Die Abstimmung des Bonus auf seine individuelle Leistung feuert seinen Umsetzungswillen förmlich an.

Der individuelle Zielerfüllungsbonus wird mit einem maximal erreichbaren Jahresbonus festgelegt, z. B. 30.000 Euro. Entweder fixiert man diesen maximal möglichen Jahresbonus im Arbeitsvertrag oder er wird der finanziellen Situation des Unternehmens als in der Höhe wechselnde Größe jährlich neu ausgeschrieben. Den vollen Betrag teilt man auf die einzelnen Ziele auf, am einfachsten mit prozentualen Anteilen. Der maximale Betrag wird nach Feststellung der Zielerfüllungen ausgezahlt, wenn alle Einzelziele hundertprozentig erfüllt wurden. Erfüllte der Mitarbeiter die Ziele nur teilweise, erfolgt eine entsprechende Abstufung des Betrages.

Beispiel:

Ergebnisziel	**Termine Zielquoten**	**Zielerfüllungs-bonus in %**
Unterschreitung des genehmigten Kostenbudgets um (Eine Unterschreitung zwischen 0 und 5 % reduziert den Bonus-Prozentsatz entsprechend.)	5 %	10 %

Eine Auslobung eines maximalen Bonus von 30.000 Euro bedeutet, dass auf dieses Ziel mit 10 % ein Betrag von 3.000 Euro bei hundertprozentiger Zielerfüllung entfällt.

Wird das Kostenbudget nur um 3 % unterschritten, gilt dieses Ziel nur zu 60 % erfüllt, weshalb der für dieses Ziel festgesetzte Bonus auch nur zu 60 % ausgezahlt wird. 60 % Einzelzielerfüllung bezogen auf 10 % Zielerfüllungsbonus bedeutet einen Bonus von 6 %. Dieser, berechnet von einem maximalen Gesamtbonus von 30.000 Euro ergibt 1.800 Euro. Verständlicher wird diese Berechnung bei einem Blick auf die Übersicht, die zur Festlegung des Bonusbetrages nach Ablauf der Bonusperiode erstellt wird.

Auszug aus einer Bonusberechnung:

Zielvereinbarungen	**Kommentar**	**Ziel-erfüllung in %**	**Bonus**
Ergebnisziel Unterschreitung des genehmigten Kostenbudgets um 5 % (Eine Unterschreitung zwischen 0 und 5 % reduziert den Bonus-Prozentsatz entsprechend.)	Das Kostenbudget wurde um 3 % unterschritten.	60	60 % von 10 % = 6 %

Es handelt sich hierbei um eine Zielerfüllung, die objektiv rechnerisch nachvollzogen werden kann. Es wird keine unangenehmen Diskussionen oder gar Streitigkeiten über das Maß der Zielerfüllung geben. Auch ein eventueller Nachfolger der Führungskraft hat keine Probleme, die Zielerfüllung festzulegen. Unterlagen, die das Maß der

Zielerfüllung belegen, sind von den Mitarbeitern selbstständig vorzulegen, genauso wie die erforderlichen Berechnungen für die Zielerfüllung. Will die Führungskraft diese Arbeiten übernehmen, hat sie viel zu tun, insbesondere bei einer großen Berichtsspanne.

Sollte sich einmal eine Grundvoraussetzung, die bei Vorgabe eines Zieles galt, im Laufe des Jahres verändern, so sollte die Führungskraft beweglich sein und das Ziel angemessen anpassen oder streichen und ein adäquates neues Ziel vorgeben. Damit alle Ziele im Unternehmen durchgängig auf das Gesamtunternehmensziel zusteuern, wird die jeweilige Zielvorgabe an den Mitarbeiter nicht nur mit diesem abgestimmt, sondern auch mit dem nächsthöheren Vorgesetzten. Dieser gibt seine Zustimmung schriftlich, indem er die Zielvereinbarung als dritte Person unterzeichnet. Erst dann gilt die Zielvereinbarung als verabschiedet. Genauso ist das Vorgehen bei der Bonusberechnung.

Produktivitätskennziffern (PKZ)

Ein Unternehmen, das im selben Betätigungsfeld mit demselben Kapitaleinsatz einen höheren Gewinn erwirtschaftet als ein vergleichbarer Konkurrent, arbeitet produktiver. Die Ursachen können vielfältig sein: Qualifizierteres Personal, rationellere Arbeitsabläufe, tüchtigere Vertriebsorganisation usw. Die wichtigste Herausforderung einer Führungskraft liegt in der Erhöhung der Produktivität ihres Verantwortungsbereichs. Eine Führungskraft muss die Verantwortlichkeit für die Produktivität als wesentlichen Bestandteil ihrer Aufgabenstellung verstehen und dieses Bewusstsein auf ihre Mitarbeiter übertragen.

Dabei sind die Kosten ein einflussreicher Faktor. Innerhalb der Gesamtkosten spielen bei den meisten Unternehmen die Personalkosten eine ausschlaggebende Rolle. In den letzten Jahrzehnten hat die Technisierung die Personalkosten deutlich vermindert, sowohl in den produzierenden Unternehmen als auch in Dienstleistungsunternehmen. Die Entwicklung hat noch nicht ihr Ende gefunden. Das Internet setzt neue Dimensionen. Aber die Investitionen in Technik sind nicht allein der Schlüssel zu höherer Produktivität. Mindestens genauso erfolgreich kann eine effizientere, intelligentere Arbeitweise sein.

Zur Rationalisierung und Kostenoptimierung sind die Arbeitsabläufe im Unternehmen ständig zu überprüfen. Das gehört zu den eigenständigen Aufgaben betriebsorganisatorischer Abteilungen, aber auch jede einzelne Abteilung und insbesondere

die leitenden Führungskräfte sind aufgerufen, die Suche nach Rationalisierungsmöglichkeiten zu einem ständigen Prozess zu machen!

In regelmäßigen Abständen müssen alle wesentlichen Arbeitsvorgänge und Arbeitsabläufe nach Mechanisierungsmöglichkeiten und sonstigen Vereinfachungsmöglichkeiten überprüft werden. Allein das In-Frage-Stellen der Notwendigkeit eines Arbeitsvorganges, der schon Jahre so gehandhabt wird, zeigt häufig ein erhebliches Rationalisierungspotenzial auf. Eine klare Definition der Aufgaben und ein Verzicht auf überflüssige Arbeiten führen zu besseren Ergebnissen genauso wie eine klare Zuordnung der Arbeiten dorthin, wo sie hingehören. Einfache Tätigkeiten von hochbezahlten und hochqualifizierten Mitarbeitern oder Führungskräften erledigen zu lassen oder Vertriebsmitarbeiter mit zusätzlich belastenden

Verwaltungsaufgaben zu beauftragen bedeuten einen Luxus, den sich kein im Konkurrenzkampf stehendes Unternehmen wirklich leisten kann. Abgesehen von der Negativwirkung auf die Produktivität zerstören solche Fehlleitungen die Motivation.

Externe oder interne Produktivitätsmessung

Unabhängig von derartigen Rationalisierungspotenzialen sollte ein der Arbeitsanfallmenge gerechter Personaleinsatz einer permanenten Kontrolle unterliegen und bei länger anhaltenden Diskrepanzen angepasst werden. Zur Abstimmung des notwendigen Personaleinsatzes mit der Arbeitsanfallmenge gibt es detaillierte Verfahren, deren Installation von externen Beratern angeboten wird. Diese Verfahren sind gut und teuer und der tiefe Detaillierungsgrad sehr anwendungs- und pflegeaufwändig. Wer die Produktivität seines Unternehmens, seines Bereichs oder seiner Abteilung verbessern will, kann das nur – wie bei allem, was gemanagt werden soll –, wenn er die Produktivität misst. Wie bewertet man ohne externe Profis? Zuerst bemisst man den Ist-Zustand, indem man die in der Abteilung anfallende Arbeit in die wesentlichsten Arbeitsbereiche aufgliedert. Hierzu ein Beispiel aus einem Betriebsbereich einer Versicherungsgesellschaft:

- Antragsbearbeitung
- Bestandsbearbeitung
- Schriftwechsel
- Mahnverfahren
- Sonstige

Wie fein man detailliert, hängt von der Anzahl des beschäftigten Personals und der Anzahl der wesentlichen Arbeitsbereiche ab. Je höher die Anzahl, je mehr empfiehlt sich ein höherer Detaillierungsgrad. Der zweite Schritt ist die Feststellung der Anzahl der Arbeitsvorgänge zu jedem einzelnen Arbeitsbereich im letzten Kalenderjahr. In vielen Fällen kann man auf EDV-Auswertungen zurückgreifen. Manuelle Zählungen sind natürlich sehr aufwändig. Wenn es keine Möglichkeit der EDV-Auswertung gibt, sollte sie geschaffen werden.

Nach dem zweiten Schritt sieht die Auflistung wie folgt aus:

Arbeitsbereiche	**Jahres-Arbeitsmenge**			
Antragsbearbeitung	36.000 Anträge			
Bestandsbearbeitung	100.000 Vorgänge			
Schriftwechsel	11.000 Vorgänge			
Mahnverfahren	19.000 Vorgänge			
Sonstige	nicht gezählt			

Der dritte Schritt besteht in der Feststellung, wie viel Arbeitsvorgänge ein Mitarbeiter im Durchschnitt pro Monat und pro Jahr bewältigt, wenn er sich ausschließlich in einem Arbeitsbereich betätigt (Produktivitätskennziffer PKZ). Diese Feststellung erfolgt durch eine grobe Arbeitszeitmessung für eine repräsentative Anzahl von Vorgängen bei unterschiedlichen Mitarbeitern. Danach lässt sich die Anzahl der notwendigen Mitarbeiter berechnen. Damit wird die Auflistung erweitert:

Arbeitsbereiche	**Jahres-Arbeitsmenge**	**1 Mitarbeiter pro Monat**	**1 Mitarbeiter pro Jahr**	**notw. Mitarbeiter**
Antragsbearbeitung	36.000 Anträge	1.000 Anträge	12.000 Anträge	3,0
Bestandsbearbeitung	100.000 Vorgänge	800 Vorgänge	9.600 Vorgänge	10,4
Schriftwechsel	11.000 Vorgänge	700 Vorgänge	8.400 Vorgänge	1,3
Mahnverfahren	19.000 Vorgänge	600 Vorgänge	7.200 Vorgänge	2,6
Sonstige	nicht gezählt	nicht gezählt	nicht gezählt	-, -
		PKZ		gesamt 17,3

Im vierten Schritt ermittelt man ggf. die endgültigen Produktivitätskennziffern (PKZ). Das geschieht durch eine Anpassung der durch Zeitmessung ermittelten durchschnittlichen Arbeitsmenge je Mitarbeiter pro Monat an die tatsächliche Arbeitsmenge, unter Einbeziehung nicht wesentlicher nicht gezählter Arbeitsvorgänge. Dadurch entstehen leichte, unbedeutende Ungenauigkeiten, die aber durchaus in Kauf genommen werden können, ohne den Sinn dieser Produktivitätsbemessung zu mindern. Vorausgesetzt, dass die nicht gezählten Arbeitsvorgänge keinen zu hohen Anteil an der Gesamt-Arbeitsmenge haben oder die Menge dieser Arbeitsvorgänge sich in etwa proportional zur Gesamt-Arbeitsmenge verändert.

Notwendiger Personaleinsatz (Headcount)

Die Division der Jahres-Arbeitsmenge durch die Anzahl der Arbeitsvorgänge, die ein Mitarbeiter pro Jahr bewältigen kann, ergibt die Anzahl der für diesen Arbeitsbereich notwendigen Mitarbeiter. Die Addition der für jeden Arbeitsbereich notwendigen Mitarbeiter ergibt die notwendige Mitarbeiteranzahl für die gesamte Abteilung – in obigem Beispiel 17,3 – ohne die nun folgende Anpassung.

Die nach dem beschriebenen Verfahren ermittelte erforderliche Mitarbeiteranzahl wird mit der im vergangenen Kalenderjahr tatsächlich vorhandenen Mitarbeiteranzahl nicht übereinstimmen, weil die Arbeitzeitmessung nur grob erfolgte und sonstige Arbeitsvorgänge nicht berücksichtigt wurden. Der Vergleich der berechneten Mitarbeiteranzahl mit der tatsächlichen zeigt einen geringen Überhang an tatsächlich vorhandenen Mitarbeitern. Um die Zahlen in Übereinstimmung zu bringen, werden die ermittelten Monats-Arbeitsmengen pro Mitarbeiter entsprechend vermindert. Lag die Mitarbeiterzahl z. B. bei 19, so müssen 1,7 Mitarbeiter noch aufgeteilt werden. Dabei kommt es auf Zahlen hinter dem Komma nicht an. Die tatsächliche Zahl liegt mit 19 rund 10 % über der ermittelten. Die notwendige Anzahl der Mitarbeiter kann somit in jedem Arbeitsbereich in der obigen Übersicht um 10 % erhöht werden, wodurch sich die Arbeitsmenge pro Mitarbeiter entsprechend vermindert. Die endgültige Übersicht weist dann folgende Zahlen auf:

Arbeitsbereiche	**Jahres-Arbeitsmenge**	**1 Mitarber pro Monat**	**1 Mitarber pro Jahr**	**notw. Mitarber**
Antragsbearbeitung	36.000 Anträge	909 Anträge	10.909 Anträge	3,3
Bestandsbearbeitung	100.000 Vorgänge	730 Vorgänge	8.772 Vorgänge	11,4
Schriftwechsel	11.000 Vorgänge	611 Vorgänge	7.333 Vorgänge	1,5
Mahnverfahren	19.000 Vorgänge	565 Vorgänge	6.786 Vorgänge	2,8
		PKZ		gesamt 19,0

Gebrochene Zahlen zu ganzen Mitarbeitern, das passt natürlich nicht, es sei denn, man kann Teilzeitkräfte einsetzen. Wenn alle Mitarbeiter mit allen Arbeiten beschäftigt sind, stören gebrochene notwendige Mitarbeiterzahlen (Headcount) innerhalb von Arbeitsbereichen auch nicht.

Das Instrument der Produktivitätsziffern hat zwei Aufgaben:

1. **Es soll einen groben Anhaltswert für den laufenden Personalbedarf liefern.**
2. **Es soll Produktivität messen und Produktivitätsfortschritte zahlenmäßig aufzeigen.**

Diese Anforderungen erfüllt dieses Verfahren einfach, kostengünstig und ideal!

Man muss sich darüber im Klaren sein, dass die so vorgenommene Festsetzung von Basiswerten die Produktivität des letzten Kalenderjahres darstellt. Hiermit erfolgt keine Bewertung der Produktivität. Diese kann nur durch spezielle, aufwändige Untersuchungen bemessen werden. Ob dieser Aufwand betrieben werden soll, muss situationsbedingt entschieden werden. Selbst nach einer Untersuchung kommt man an einer fortlaufenden Produktivitätskontrolle nicht vorbei, und auch ohne Untersuchung wird mit dem PKZ-System die Basis für die Produktivitätsverbesserung geschaffen.

Produktivitäts- und Headcount-Berechnung

Nachdem die einmalige Basisarbeit zusammen mit den zuständigen Führungskräften erledigt wurde, erfolgt die Einführung des Systems. Die Einbindung der zuständigen Führungskraft muss schon aus praktischen Erwägungen sein, abgesehen davon, dass sonst keine Identifikation stattfindet. Dazu ist es wichtig, dass die Führungskraft das System versteht und akzeptiert, dass es richtig funktioniert. Ab jetzt hat sie monatliche Produktivitäts- und Headcount-Berechnungen zu liefern, z. B. in der folgenden Form:

PRODUKTIVITÄTS- und HEADCOUNT-BERECHNUNG für Monat März 2002					
Arbeitsbereiche Monat	**1**	**2**	**3**	**...12**	**Durchschnitt**
Anträge	3520	3249	2910		3223
Bestand Vorgänge	9480	8723	7165		8456
Schriftwechsel	993	844	790		876
Mahnverfahren	2133	1987	1702		1941
PKZ 2000 2001 2002					
Anträge 798 845 909					
Bestand 621 688 730					
Schriftw. 577 598 611					
Mahnverf. 543 543 565					
Mitarbeiter SOLL					
Anträge	3,9	3,6	3,2		3,5
Bestand	13,0	11,9	9,8		11,6
Schriftwechsel	1,6	1,4	1,3		1,4
Mahnverfahren	3,8	3,5	3,0		3,4
Gesamt	22,3	20,4	17,3		19,9
Mitarbeiter IST					
Gesamt	20,0	20,0	18,0		19,3
Differenz SOLL/IST	**–2,3**	**–0,4**	**+0,7**		**–0,6**

Diese Übersicht zeigt eine positive Entwicklung der Produktivität der Abteilung anhand der Produktivitätskennziffern (PKZ) der Jahre 2000 bis 2002 und sie zeigt im Jahr 2002 für die ersten drei Monate die Über- und Unterbelegung mit Personal (Headcount). Bei den Mitarbeiter-IST-Zahlen sollten Urlaube, Krankenstände und sonstige Ausfälle berücksichtigt werden, genauso sollten Halbtags- und Zeitarbeitskräfte und Überstunden anteilmäßig bewertet werden.

Der enorme Nutzen der Produktivitätsbemessung für das Unternehmen oder auch nur schon für eine Abteilung darf nicht unterschätzt werden. Sie ist ein wesentliches Element der Kostensteuerung. Mit ihr wird ein Maßstab geschaffen, ohne den Zielvorgaben auf diesem Gebiet nicht möglich wären. Mit der Möglichkeit von Zielvorgaben zur Produktivitätsverbesserung entsteht ein zweites, weiter unterstützendes Element zur Kostenreduzierung.

Wenn man schon die Produktivität mit ausgefeilten Produktivitätskennziffern bemisst, kommt man leicht in die Versuchung, die eigene Produktivität mit anderen Bereichen oder Unternehmen vergleichen zu wollen. Aber schon der Versuch ist überflüssig wie ein Kropf. Alle diese Versuche sind zum Scheitern verurteilt, weil kein Bereich, kein Unternehmen wie das andere organisiert wurde. In dem einen Unternehmen schreiben die Sachbearbeiter ihre Briefe selbst, im anderen gibt es einen Schreibdienst. Ähnlich kann es mit Abteilungsdiensten zum Kopieren oder dem Archiv sein, für das es spezielle Mitarbeiter gibt oder wo die Sachbearbeiter die Akten selbst ablegen usw. Also müssen die Vergleiche hinken. Ebenso sind Unternehmensvergleiche schwierig, weil es kaum zwei Unternehmen gibt, die genau dieselben Geschäftsfelder bearbeiten.

Noch einmal:

Wichtiger als alle Vergleiche sind geeignete Maßnahmen zur Erhöhung der Produktivität als permanenter Prozess!

Üblicherweise werden im Vertrieb von Unternehmen die Verkaufszahlen durch regionale Vertriebseinheiten miteinander verglichen, um z. B. auch den Verkauf mit Wettbewerben für diese Einheiten zu forcieren. Abgesehen davon, dass der einzige Sinn eines Wettbewerbs darin liegt, den Verkauf zu fördern und nicht – was viele fälschlich meinen – gerecht zu sein, sollte doch auf sinnvolle Wettbewerbs- und Vergleichskriterien geachtet werden. So ergibt die Verkaufzahl einer gesamten Vertriebseinheit sicher kein vernünftiges Kriterium. Aber die Verkaufszahl der Vertriebseinheit hinuntergebrochen auf den einzelnen Verkaufsmitarbeiter macht mehr Sinn, denn sie stellt im Endeffekt eine Produktivitätskennziffer des Verkaufsbereichs dar. Sie zeigt auf, wie die Vertriebsführungskraft es geschafft hat, die durchschnittliche Produktivität ihrer Mitarbeiter zu gestalten. Es kann dabei frei entschieden werden, ob als Messzahl der Stückumsatz, der Wertumsatz oder eine Kombination aus beidem mehr zutrifft.

Kontrolle der Arbeitsqualität

Auch die Arbeitsqualität kann man nicht managen, wenn man sie nicht misst, aber sie sollte gemanagt werden. Zum einen macht eine übermäßig fehlerhafte Arbeit keinen guten Eindruck innerhalb des Unternehmens und auf Geschäftspartner oder Kunden. Zum anderen demonstriert eine Geschäftsleitung, die auf Qualität wenig Wert legt, wenig Disziplin und das färbt sehr schnell ab auf alle

Mitarbeiter. Egal um welchen Arbeitsbereich es geht, die Qualität der Arbeit kann fast überall anhand von Fehlerquoten gemessen werden. Das kann einfacher erfolgen, als man auf Anhieb denkt.

Bei einem Produktionsbetrieb, der Massenware herstellt, wird die produzierte Ware regelmäßig auf Ausschuss überprüft. Man sortiert fehlerhafte Ware aus und erfasst zahlenmäßig die Ausschussquote. Viele Produktionsbetriebe tolerieren eine Ausschussquote bis zu 3 %. Diese Ausschussquote bedeutet aber keine Fehlerquote, die den Kunden erreicht. Diese wird auch nicht messbar sein, da nicht alle Kunden reklamieren. Zusätzlich kann man noch die Reklamationsquote messen, die dann auch gesteuert werden kann.

Wichtig ist es, Toleranzgrenzen zu setzen, die gleichzeitig Zielvorgaben für die betroffenen Bereiche sein können!

Auch in Dienstleistungsbereichen macht es viel Sinn, Fehlerquoten zu messen und zu managen. Es muss eine repräsentative Anzahl von Arbeitsvorgängen regelmäßig, z. B. monatlich, auf Fehler überprüft und die Fehlerquote statistisch erfasst werden. Zuständig für die Überprüfung macht man – falls vorhanden – die Fachrevision, es kann aber auch ein Gruppenleiter oder eine speziell hierfür zu benennende Person aus dem betreffenden Arbeitsbereich sein. Zumindest bei einer unakzeptablen Fehlerquote kommt man kaum umhin, die Fehlerquote einzelner Mitarbeiter zu messen, was aber die Belange des Betriebsrates berührt. Ansonsten kann es auch ausreichen, die Fehlerquote nur bereichs- oder abteilungsweise festzustellen. Die monatlich festgestellte Fehler- oder Ausschussquote wird über das Jahr auch monatlich aufgelaufen dargestellt, mit dem Vorteil, dass sich mit zunehmender Zeit repräsentativere Zahlen ergeben, die zu sichereren Erkenntnissen führen. Darüber hinaus sollten die Monatsergebnisse einzeln und aufgelaufen den Vorjahreszahlen gegenübergestellt werden, um eine Entwicklung zu erkennen.

Bei der Beurteilung der Fehlerquote müssen eventuelle Besonderheiten berücksichtigt werden. In Zeiten mit hoher Arbeitsbelastung für die Mitarbeiter oder gar mit Arbeitsrückständen wird überall die Fehlerquote hochschnellen. Obwohl normal, gibt es auch dabei erhöhte Toleranzgrenzen, deren Überschreitung für das Unternehmen schon aus Imagegründen nicht akzeptabel sein kann. Eine statistische Erfassung könnte wie folgt aussehen:

Fehlerquotenstatistik Abteilung 835 2002				
Anzahl der überprüften Arbeitsvorgänge		Fehlerquoten		
	Monat	Monat	aufgelaufen	Vorjahr
280	Januar	4,3 %	4,3 %	4,5 %
300	Februar	3,8 %	4,0 %	4,2 %
320	März	3,7 %	3,9 %	4,0 %
....				
....				
....				
340	Dezember	3,5 %	**3,6 %**	**3,8 %**

Die Entwicklung der Fehlerquote von Jahresende 2001 zu 2002 von 3,8 % auf 3,6 % weist zwar in die richtige Richtung, wird allerdings für ein anspruchsvolles Unternehmen nicht gut genug sein. Der zuständigen Führungskraft setzt man deshalb das Ziel, die Fehlerquote im nächsten Jahr auf 3,2 % und im übernächsten Jahr auf unter 3 % zu reduzieren und hierfür eine Maßnahmenplanung vorzulegen. Zur Kultur eines guten Unternehmens gehört es, grundsätzlich von allen Mitarbeitern ein fehlerfreies Arbeiten zu verlangen. Dass das Ziel einer Null-Fehlerquote unrealistisch ist, sollte in den Zielvorgaben Niederschlag finden, nicht im grundsätzlichen Anspruch. Ein Kokettieren mit einem »es dürfen bei uns auch Fehler gemacht werden«, um damit eine motivierende Toleranz des Unternehmens oder der Führungskraft zu demonstrieren, schlägt vollkommen fehl. Die Mitarbeiter wägen sich in einer falschen Sicherheit. Bei manchen produzierenden oder dienstleistenden Betrieben mögen Fehler ohne gravierende Auswirkungen bleiben und es ergibt sich deshalb dort eine falsche Neigung zur Toleranz. Zu bedenken sind jedoch auch solche Bereiche wie Ärzte, Chirurgen, Apotheker, Piloten oder Busfahrer. Welche Fehlerquote will man ihnen zugestehen? Wer würde sich Personen oder Firmen aus diesen Bereichen anvertrauen, wenn er wüsste, dass die Geschäftsleitung gewisse Fehlerquoten toleriert?

Beurteilungsgespräche

Sie werden geliebt und werden gehasst, sowohl bei Führungskräften als auch bei Mitarbeitern. Der Betriebsrat redet mit und hat dazu die unterschiedlichsten Einstellungen. Aber gegen alle Widrigkeiten machen sie viel Sinn. Welchen?

Der Mitarbeiter – auch, wenn er das nicht so sieht – hat ein Recht darauf, in regelmäßigen Abständen zu erfahren, wie seine Führungskraft seine Arbeitsleistung beurteilt!

Die Führungskraft hat die ungeschriebene Pflicht, den Mitarbeiter über seine Meinung zu ihm nicht im Unklaren zu lassen!

Viele Führungskräfte drücken sich um offizielle und regelmäßige Beurteilungsgespräche, weil sie sie als unangenehm empfinden und das können sie manchmal auch sein. Wenn sie nicht geführt werden, entstehen regelmäßig Missverständnisse, die irgendwann zu noch unangenehmeren Reaktionen führen. Ohne Beurteilung muss der Mitarbeiter glauben, seine Führungskraft sei mit seinen Leistungen und seinem Verhalten zufrieden. Oft nicht der Fall, nur scheut sich die Führungskraft, das offen anzusprechen. In falschem Glauben kommt auch noch der Mitarbeiter und verlangt wegen seiner vermeintlich guten Leistungen eine Gehaltserhöhung. Spätestens dann kommt es zum Eklat und zu berechtigten Vorwürfen gegen die Führungskraft. Manch ein Mitarbeiter wäre durchaus bereit gewesen, sich zu ändern, wenn es von ihm verlangt worden wäre und ihm vielleicht Wege aufgezeigt worden wären. »Was soll ein regelmäßiges Jahresgespräch schon bringen? Man sieht sich sowieso fast täglich. Da wird alles besprochen, es gibt nichts Neues.«

Das Hinausschieben von Problemen löst die Probleme nicht!

Wenn es im Unternehmen kein geregeltes Beurteilungswesen gibt, hat jede Führungskraft die Chance, für ihre Mitarbeiter eigene Beurteilungen zu entwickeln. Beurteilungen sollten auf jeder Hierarchieebene von den Führungskräften für die ihnen direkt unterstellten Mitarbeiter durchgeführt werden. Die Maßnahme muss den Mitarbeitern angekündigt werden und sie müssen vorab über Beurteilungskriterien und die Vorgehensweise informiert werden. In der Praxis hat sich eine jährliche Regelbeurteilung bewährt.

Für manche Unternehmens- oder Personalberater scheint es aus der Mode gekommen zu sein, sich bei Beurteilungsgesprächen als Leitfaden an feste Beurteilungskriterien zu halten, die den Mitarbeitern bekannt sind und auf die sie sich einstellen können. Sie empfehlen freie, situative Gespräche und raten vor allem von Zensuren als vollkommen veraltet ab. Als Erfolg erlebt man eine Verunsicherung sowohl des Mitarbeiters als in gewissem Umfang auch der Führungskraft. Eine Benotung oder Zensierung einzelner Elemente des Verhaltens oder der Leistung des Mitarbeiters muss aber aus anderen Gründen wohl durchdacht werden. Die Anwendung des Schulnotensystems hat den Vorteil, dass alle es kennen. In der praktischen Anwendung zeigt sich allerdings ein gravierender Nachteil. Es gibt kaum eine Führungskraft, die die Notenskala von 1 bis 6 bzw. von sehr gut bis ungenügend voll ausnutzt. Von Führungskraft zu Führungskraft zeigen sich Schwerpunkte von drei bis vier Noten, die sich entweder auf der linken oder rechten Seite der Skala oder in der Mitte befinden, das in Abhängigkeit von einer Verwendung von Schulnotenbezeichnungen oder anderen Begriffen wie z. B. weniger gut, hervorragend oder anderen. Deshalb geht man besser von vornherein auf ein Drei-Noten-System über, das wie folgt aussehen könnte:

a = verbesserungsfähig,
b = in Ordnung,
c = hervorragend.

Selbst die schlechteste Bewertung »verbesserungsfähig« stößt den Mitarbeiter nicht vor den Kopf. Sie hat eine positive Wirkung, weil der Begriff allein schon zum Ausdruck bringt, dass bei dieser Bewertung Maßnahmen zur Verbesserung ergriffen werden müssen. Wichtige Beurteilungskriterien werden von Unternehmen zu Unternehmen unterschiedlich sein. Deshalb die folgenden Kriterien nur als Anhalt (die Bewertung mit a, b oder c wird in der jeweiligen Unterzeile angekreuzt):

	Aktuelle Beurteilung a b c	Vorangegangene Beurteilung a b c
Leistungsverhalten Systematisches Arbeiten Initiative und Selbstständigkeit Ausdauer und Belastbarkeit Beweglichkeit Fachkenntnisse		
Leistungsergebnis Leistungsqualität Leistungsmenge Erfolg		
Sozialverhalten Informationsverhalten Zusammenarbeit Konfliktverhalten		
Führungsverhalten Delegieren und Kontrollieren Koordinieren und Organisieren Akzeptanz Durchsetzungskraft Repräsentieren Mitarbeiter auswählen Zielvereinbarungen und Anspruchsniveau Beurteilen und Fördern		

An dieses formale, vorgegebene Beurteilungsschema sollte sich eine individuell geprägte Eignungsbeurteilung anschließen, die aber auch schriftlich festgehalten wird. Bewährt hat sich eine Beschreibung von mindestens drei besonderen Stärken und drei Schwächen des Mitarbeiters. Allein die Besprechung auch der Schwächen des Mitarbeiters genügt natürlich nicht. Es gehört auf jeden Fall die Absprache von Maßnahmen zur Leistungssteigerung bzw. Schwächenbeseitigung dazu, sei es durch spezielle Schulungen, externe Seminare, Fachschulungen oder sonstiges.

Bei kritischen Beurteilungen kann nicht unbedingt davon ausgegangen werden, dass sich der Mitarbeiter mit dieser Beurteilung einverstanden erklärt. Um hier keinen unnötigen Frust aufkommen zu lassen, sollte dem Mitarbeiter die Möglichkeit gegeben werden, schriftlich einen eigenen Kommentar abgeben zu können. Falls dieser Kommentar eine Stellungnahme der Führungskraft erfordert, sollte diese Stellungnahme nicht mehr dem Mitarbeiter vorgelegt werden. Sonst ergibt sich eine Spirale ohne Ende.

Die schriftliche Beurteilung wird sowohl vom Mitarbeiter als auch von der Führungskraft unterschrieben, womit lediglich die Besprechung, nicht ein Einverständnis bestätigt wird. Zum Schluss unterschreibt auch der nächsthöhere Vorgesetzte, der damit über die Qualität der Mitarbeiter der übernächsten Ebene Kenntnis erlangt.

Einige Unternehmen beschränken die Regelbeurteilung auf höhere Hierarchiestufen. Die unterste Stufe wird ausgelassen. Die Beurteilung gewinnt nach oben hin an Bedeutung, aber deshalb beim einfachen Mitarbeiter auf die mit der Beurteilung verbundenen Vorteile zu verzichten, scheint kaum einsichtig. Probleme haben Führungskräfte häufig mit der Beurteilung älterer Mitarbeiter, die schon lange Jahre im Unternehmen arbeiten. Zum einen fehlt manchmal die Akzeptanz der Beurteilung durch den Mitarbeiter, zum anderen hat sich deren Arbeitsstil seit langem so gefestigt, dass Änderungen kaum möglich sind. Somit bleibt die Beurteilung über Jahre hinweg gleich. Das macht aber nichts. Das Beurteilungsgespräch kann in einem solchen Fall sehr kurz gehalten werden. Dennoch weiß der Mitarbeiter regelmäßig, was der Vorgesetzte von seiner Arbeit hält und nicht auszuschließende Veränderungen werden erkannt und besprochen.

Die Führungskraft, die das Beurteilungsgespräch auf eine oberlehrerhafte Benotung zurückführt, versteht den Sinn und die Möglichkeiten des Gesprächs nicht.

Die Führungskraft soll gemeinsam mit dem Mitarbeiter in die Zukunft sehen und Ziele und Maßnahmen festlegen!

Das Beurteilungsgespräch wird zu einem wesentlichen Element der Motivation. Es macht viel Sinn, das Beurteilungsgespräch mit dem Gespräch über die Zielerfüllung des vergangenen Jahres zu führen und gleich die Ziele für das neue Jahr zu besprechen. Planung, Besprechung der Zielerfüllung, Beurteilung und Zielvorgabe können miteinander verzahnt werden und geben zusammen ein abgerundetes Bild, das für alle verständlich wird und damit allen Sicherheit gibt.

Gehalt

Beim Beurteilungsgespräch kann auch das Thema Gehaltsveränderung angesprochen werden, es muss aber nicht. Sofern für Zielerfüllungen Bonuszahlungen vereinbart sind, spricht man sowieso schon über Bezüge. Die Mitbehandlung dieses Themas hat den Vorteil, dass dem Mitarbeiter deutlich bewusst wird, dass seine Bezüge mit Leistung zusammenhängen. Auch und insbesondere bei diesem Thema soll die Führungskraft nicht herumeiern. Mittel- und langfristig wird die Situation zwischen Führungskraft und Mitarbeiter entspannt, wenn die Führungskraft deutlich, eindeutig und konsequent die Richtung vorgibt. Natürlich bereitet es mehr Freude, eine Gehaltserhöhung in Aussicht zu stellen, als sie begründet hinauszuschieben. Die Situation wird aber unangenehmer, wenn vage Aussagen gemacht werden, unter denen der Mitarbeiter etwas anderes versteht, als die Führungskraft wirklich meint. Allerdings dürfen Zusagen nur mit höchster Vorsicht und Zurückhaltung abgegeben werden, wenn die Führungskraft nicht allein über eine Gehaltserhöhung entscheidet. Zu oft kommen unerwartete Gegenargumente, die in unangenehmer Weise dazu zwingen, Zusagen wieder zurückzunehmen.

Da Gehalt einen der wichtigsten Motivationsfaktoren für den Mitarbeiter darstellt, muss sich die Geschäftsleitung entscheiden, inwieweit Gehaltsanteile leistungsabhängig gezahlt werden sollen. Je höher der leistungsabhängige Anteil, desto höher die Bereitschaft, Außergewöhnliches zu leisten. Mit Maximierungen des Leistungsanteiles muss vorsichtig umgegangen werden, damit Leistung und Erfolg nicht ungewollt abgebremst werden. Besser als die Anbindung des Leistungsanteiles nur an das Jahresergebnis gestalten sich auf jeden Fall die Anbindung und ein Splitting auf Einzelziele, die jedes Jahr individuell entsprechend den aktuellen Erfordernissen neu formuliert werden. Ziele, denen eine Gemeinschaftsleistung zu Grunde liegt, bremsen den Einzelnen!

Für den guten, erfolgswilligen Mitarbeiter bieten ein geringes Grundgehalt und ein hoher Leistungsanteil einen wesentlich höheren Anreiz als umgekehrt.

Routinegespräche

Jeder hat die Pflicht, seinem Vorgesetzten zu berichten, wenn er dazu aufgefordert wird. Ohne Aufforderung berichtet man nur über außergewöhnliche Vorgänge von Wichtigkeit. Mit dem Bericht über Nichtigkeiten geht man den meisten Vorgesetzten auf den Geist. »Gehe nie zu deinem Fürst, wenn du nicht gerufen wirst!« Für die höchste Führungsebene in Aktiengesellschaften wurde die Berichtspflicht gegenüber dem Aufsichtsrat und der Hauptversammlung gesetzlich geregelt. Die Berichtspflicht unterhalb dieser Ebene muss individuell geregelt werden.

Die Führungskraft soll mit den ihr direkt unterstellten Mitarbeitern schon für jeweils ein Kalenderjahr im Voraus für mindestens einmal im Monat einen Jour fixe terminieren, bei dem der Mitarbeiter berichtet!

Handelt es sich bei dem Berichtspflichtigen auch um eine Führungskraft, kann man überlegen, zu diesem Routinegespräch Führungskräfte oder hervorgehobene Mitarbeiter einer weiteren Ebene darunter hinzuzuziehen. Das hat den Vorteil, dass der Vorgesetzte diese besser kennen lernt. Er kann dann beurteilen, ob sie im Bedarfsfall für höhere Aufgaben geeignet sind und zu ihm passen. Die Routinegespräche laufen effizienter ab, wenn für die

Berichte auch feste Themen vorgegeben werden, z. B.:

- Arbeitsstand, Rückstände
- Personalsituation
- Unterjährige Geschäftsergebnisse
- Projektstände
- Großaufträge, Großkunden usw.

Darüber hinaus soll über alle Besonderheiten und Neuigkeiten berichtet werden. Ebenfalls kann der Routinetermin für aktuell anliegende Rücksprachen genutzt werden. Dabei wird die Führungskraft im Normalfall auch anweisen, bestimmte Aufgaben in einer vorgegebenen Zeit zu erledigen. Durch die weitere Behandlung dieser Vorgänge durch die Führungskraft entscheidet es sich, wie ernst die Mitarbeiter diese Anweisungen nehmen.

Sobald Mitarbeiter erfahren, dass die Führungskraft zum vereinbarten Termin nicht nachhakt und die Arbeit einfordert oder Vorgänge ganz vergisst, ist Schlendrian vorprogrammiert!

Die Mitarbeiter werden jeden unangenehmen Vorgang erst einmal nicht mehr anrühren. Dem Kümmerer passiert das nicht. Andere Führungskräfte wären besser keine geworden.

Ein unübergehbares Organisationsinstrument kann eine einfache, gefächerte Einlage- oder Unterschriftenmappe sein, in der ein Fach für jeden einzelnen Mitarbeiter eingerichtet wird.

Hier hinein kommen Schriftstücke und Notizen über alle unerledigten Vorgänge, die so lange bei jedem Routinegespräch hervorgezogen und besprochen werden, bis sie erledigt sind. Die Mitarbeiter merken schnell, dass sie diesem konsequenten, einfachen, aber wirksamen System nicht entgehen können.

Es festigt die Führungsposition, grundsätzlich auf dem Berichtstermin zu bestehen, auch wenn die Berichtsthemen schon einmal weniger wichtig und weniger umfangreich sein sollten. Nur sollte keine Zeit verplempert werden. Ein Routinegespräch darf ruhig schon einmal kurz sein. Der Mitarbeiter muss jedoch wissen, dass er zu berichten hat. Die Führungskraft muss erkennen, dass der Bericht ein wesentliches Führungsinstrument darstellt, auf das keinesfalls verzichtet werden darf.

Eine Führungskraft, die sich nicht berichten lässt, führt nicht wirklich gut!

Ein Manager hat die negative Wirkung der auf allen Ebenen vorhandenen Unzulänglichkeiten abzumildern. Wem der konsequente Einsatz der beschriebenen Führungsinstrumente

- Zielvorgaben
- Produktivitätskennziffern
- Bemessung von Fehlerquoten
- Beurteilungsgespräche
- Routinegespräche
- Round-Table-Gespräche usw.

zu formal erscheint, verkennt deren positive Gegenwirkung auf Unzulänglichkeiten.

Round-Table-Gespräche

Berichte wirken nicht nur als wesentliches Führungsinstrument, sie sind genauso ein wesentliches Element des Informationsflusses im Untenehmen. Hierzu gehören:

- Berichte von unten nach oben
- Informationen von oben nach unten
- Informationsaustausch untereinander

Abgesehen von schriftlichen Informationen, die in alle Richtungen fließen können, bieten sich für Informationen von oben nach unten und untereinander regelmäßige, mindestens monatliche Informationstreffen oder Round-Table-Gespräche – oder wie man sie auch immer nennen mag – an. Teilnehmer sind außer der Führungskraft die ihr direkt unterstellten Mitarbeiter, bei unterstellten Führungskräften gegebenenfalls auch wichtige Mitarbeiter darunter. Natürlich gibt die Führungskraft wichtige Informationen an die Mitarbeiter bei diesem Anlass weiter, aber

in der Hauptsache soll das Round-Table-Gespräch der gegenseitigen Information auf gleicher Ebene dienen.

Es gibt solche Round-Tables auch in größerer Besetzung, wenn die gesamte Geschäftsleitung mit allen Führungskräften zusammenkommt.

Hier wird häufig der Fehler gemacht, dass der normale Berichtsfluss auf den Kopf gestellt wird und nur die Geschäftsleitung den Führungskräften berichtet.

Die Zusammenkunft kann durchaus dazu genutzt werden, wenn sie sich aber darauf beschränkt, gibt die Geschäftsleitung ihre eigentliche Führungsfunktion in diesem Zusammenhang auf. Mit der Zeit wächst dadurch ein unangebrachtes Informations-Anspruchsbewusstsein bei den Führungskräften heran.

Nach einer kurzen Information über die wichtigsten Vorgänge gibt die Führungskraft das Wort reihum an die einzelnen Teilnehmer, die über alle wesentlichen Vorgänge ihres Bereichs informieren. Hierzu können ähnliche feste Vorgaben wie für die Routinegespräche gemacht werden. Darüber hinaus muss aber auch Freiraum für sonstige Themen bestehen. Mit Sicherheit kennt die Führungskraft die meisten Beiträge schon aus Routinegesprächen mit den einzelnen Mitarbeitern oder aus Ad-hoc Berichten. Auf gänzlich neue Informationen für die Führungskraft kommt es aber bei den Round-Table-Gesprächen nicht an. Der Hauptsinn besteht darin, allen wichtigen Mitarbeitern Informationen aus dem gesamten Einflussbereich der Führungskraft zukommen zu lassen und über die Informationen der Führungskraft selbst hinaus auch Informationen über wesentliche Vorgänge im ganzen Unternehmen.

Nur rundum gut informierte Mitarbeiter haben das notwendige Verständnis für die Zusammenhänge und werden ihre Arbeit und ihre Entscheidungen mit diesem Hintergrundwissen genauer auf die Unternehmensbelange abstimmen können!

Das führt zu einer deutlich rationelleren Zusammenarbeit, weil weniger Rückfragen und weniger erneute Überarbeitungen von Vorgängen anfallen, ganz abgesehen von einer höheren Arbeitszufriedenheit und Motivation bei allen Betroffenen.

Die Führungskraft tut auch gut daran, ab und zu einen Mitarbeiter bei einem Round-Table über ein vorgegebenes Thema referieren zu lassen. Damit sind gleich mehrere Vorteile verbunden: die Zuhörer werden tiefer über ein wichtiges Thema informiert, der Referent wird gezwungen, sich sehr ausgiebig mit einer Thematik zu beschäftigen und die Führungskraft spart Zeit und Arbeit, wenn sie ansonsten selbst gefordert wäre.

Die Geschäftsleitung sollte darauf bedacht sein, dass der Informationsfluss im Unternehmen durchgängig abläuft. Dazu sollten die Führungskräfte aller Hierarchien angewiesen werden, mindestens einmal im Monat mit ihren Mitarbeitern eine Abteilungsbesprechung oder ein Round-Table-Gespräch abzuhalten. Zur Kontrolle über die Regelmäßigkeit und über den sinnvollen Inhalt der Gespräche dienen das Führen und die Vorlage von Protokollen. Als Protokollführer kann ein Mitarbeiter einer unteren Ebene hinzugezogen werden oder die Protokollführung geht reihum.

Nachwuchserkennung

Für die Führungskraft, die Round-Table-Gespräche wirklich aus innerer Überzeugung abhält, kann noch eine weitergehende Maßnahme empfohlen werden. Aus mehreren, auch schon angesprochenen Gründen ist es wichtig, nicht nur die direkt unterstellten Führungskräfte gut zu kennen, sondern auch einen Überblick über die Qualität des Führungsnachwuchses zu haben. Man kann nicht unbedingt davon ausgehen, dass der potenzielle Führungsnachwuchs ausreichende Beachtung und Förderung erfährt. Die Führungskraft kann sich gut ein eigenes Bild machen und sich einen eigenen

Eindruck bilden, wenn sie für die Nachwuchskräfte ein eigenes, ein Junior-Round-Table-Gespräch, einrichtet, das nicht unbedingt monatlich, aber vielleicht zweimonatlich oder vierteljährlich zusammenkommt.
Hierzu sollen alle untergeordneten Führungskräfte einen oder zwei geeignete Mitarbeiter aus ihrem Bereich benennen. Falls angebracht, kann ein regelmäßiger Austausch dadurch erfolgen, dass zu Beginn eines jeden Jahres z. B. zwei Nachwuchskräfte ausscheiden und durch zwei neue ersetzt werden. Die das Junior-Round-Table initiierende Führungskraft muss sich bewusst sein, dass eine solche Institution von den Führungskräften eher mit Argwohn angesehen wird. Insbesondere dann, wenn sie über den Inhalt und den Ablauf der Gespräche nicht informiert werden und befürchten, dass ungeordnet über Vorgänge in ihrem Bereich gesprochen wird. Diese Situation kann durch die abwechselnde Teilnahme der einzelnen Führungskräfte und eine Protokollweitergabe entschärft werden. Die grundsätzliche Teilnahme aller Führungskräfte empfiehlt sich nicht, da die Junioren vielleicht durch die Anwesenheit ihres Vorgesetzten gehemmt sind.

Die das Round-Table-Gespräch leitende Führungskraft erhält schnell einen guten Überblick über die Qualität des Führungsnachwuchses und baut gleichzeitig schon einmal eine persönliche Beziehung auf, die bei einer Beförderung und direkten Unterstellung diesem zugute kommt. Die Junioren werden umfangreich informiert und damit auch motiviert. Die Mannschaft insgesamt verzahnt sich enger zu einem Team, das zielgerichtet auf allseits bekannte Unternehmensziele zusteuert.

Schulungspläne

Die Qualität der Arbeit der Mitarbeiter verbessert sich ungemein durch die umfangreiche Information über wesentliche Zusammenhänge im Unternehmen, die sie in regelmäßigen Round-Table-Gesprächen erhalten. Nur Informationen allein reichen aber nicht aus. Über Informationen hinaus haben speziell Mitarbeiter der untersten Hierarchieebene ein Wissensbedürfnis, das durch Schulungen oder Seminare gestillt werden kann. Dabei geht es nicht nur um vollkommen neues Wissen, es geht auch darum, nicht häufig angewandtes Wissen aufzufrischen oder aufrechtzuerhalten. Umfangreiche Themen, wie z. B. Rhetorik, Präsentationstechniken, Zeitmanagement usw. werden am besten extern abgehandelt. Alltäglich auftauchende, praktische Themen und Probleme sollten hingegen in regelmäßigen bereichs- oder abteilungsinternen Schulungen behandelt werden.

Auch hier macht es zur Entlastung der Führungskraft und zur Förderung der Mitarbeiter Sinn, dass nicht unbedingt die Führungskraft die Schulung durchführt, sondern ein Mitarbeiter aufgefordert wird, über ein vorgegebenes Thema zu referieren, natürlich unter Oberaufsicht der Führungskraft, die darauf achtet, dass der Inhalt des Referates keine falschen Aussagen enthält.

Die anstehenden Probleme beeinflussen die optimale Schulungsfrequenz. Eine Zusammenlegung mit Round-Table-Gesprächen kann manchmal sinnvoll sein.

Eine Führungskraft, die Wert auf eine hohe Qualität ihrer Mitarbeiter legt, wird von sich aus regelmäßige Schulungen veranstalten!

Die übergeordnete Führungskraft weist diese Maßnahme an und kontrolliert die Durchführung, z. B. durch Schulungsprotokolle. Eine gute Wirkung hat die Aufforderung an die untergeordnete Führungskraft, zu Jahresbeginn einen Schulungsplan vorzulegen. Dieser Plan und die Ausführung kann auch in die Jahreszielvorgaben einwandern: »Vorlage eines Schulungsplans mit Monatsfrequenz, Themen und Referenten bis zum ... Vorlage von Schulungsprotokollen jeweils bis zum Ende des Monats.«

Projektplanung

Die Planung und Durchführung eines Projektes entspringt einer Projektidee. Mit einer Projektidee geht es wie mit einer guten Erfindung:

Die Idee und die Erfindung allein bedeuten nichts, die Möglichkeit zur Durchführung und die Durchführung selbst sind das Wesentliche!

Viele Mitarbeiter kommen mit guten Ideen, die sie Kollegen, die es angeht, oder Vorgesetzten präsentieren oder besser gesagt bei ihnen abladen und dann glauben, eine hervorragende Leistung erbracht zu haben. Die meisten guten Ideen kann man vergessen, weil sie nur den Ansatz für ein Projekt darstellen. Das Wichtigste fehlt: der Durchführungsvorschlag einschließlich Berechnung der Kosten und des Nutzens und der Wille zur Übernahme einer Projektleitung und -verantwortung. Eine Projektidee hat nur die Chance zur Umsetzung, wenn sie gut durchdacht und vom Anfang bis zum Ende durchgeplant vorgebracht wird. Damit kann sich ein Mitarbeiter qualifizieren und für höhere Aufgaben empfehlen. Er beweist sich als Kümmerer.

Die Führungskraft muss zum einen selbst so denken und arbeiten, zum anderen muss sie ihre Mitarbeiter unbedingt dazu anleiten, genauso zu handeln. Dabei kann es ein Riesenfehler sein, die notwendigen Anforderungen an eine Projektplanung zu überziehen. Jeder Mitarbeiter wird demotiviert und jeder zukünftige gute Ansatz im Keim erstickt, wenn die Führungskraft anfängt, »Erbsen zu zählen«. Fast jedes Projekt birgt Risiken in sich, die auch nicht durch eine noch so aufwändige Planung wettgemacht werden können. Auch kann nicht bei jedem Projekt der Nutzen berechnet werden, insbesondere nicht bei Projekten zur Verbesserung des Services. Hätte Christoph Kolumbus die Kosten seiner Fahrt kalkulieren können, hätte er Amerika niemals entdeckt. Soviel es auch Sinn macht, den Initiator seine durchdachte und durchgerechnete Idee vor einem Entscheidungsteam präsentieren zu lassen, so

ineffizient ist es, gute Projektvorschläge von unverbesserlichen »Bedenkenträgern« so zerreden zu lassen, dass der Initiator sie nicht mehr wieder erkennt

und weder er sich noch andere ihn mit dem Ergebnis identifizieren. Daraus folgt ebenfalls eine Demotivation zur Verfolgung jeglicher weiterer guter Ideen. Innovationen werden unterdrückt und dem überzogenen Teamgeist geopfert. Hier muss die Führungskraft schützend eingreifen und für eine vernünftige Besetzung des Entscheidungsgremiums sorgen.

Effiziente Regeln für eine Projektplanung fördern die Initiative von Mitarbeitern, rationalisieren die Durchführung und vermeiden wirtschaftliche Verluste, die bei reinen Bauchentscheidungen unvermeidbar sind.

Stellenbeschreibungen

Genauso wie Zielvorgaben machen Stellenbeschreibungen Arbeit, allerdings nicht jedes Jahr aufs Neue, sondern grundsätzlich nur einmal mit einem unregelmäßigen Aktualisierungsbedarf. Lohnt sich diese Arbeit? Unternehmen, die bisher ohne Stellenbeschreibungen gearbeitet haben, sind deshalb nicht untergegangen und die Zusammenarbeit der Mitarbeiter hat sich ohne große Reibungen eingespielt. Gedanken brauchte man sich deshalb nur bei Neueinstellungen zu machen, um Bewerber informieren zu können, was von ihnen verlangt und erwartet wird. Das ist ein typischer Laisser-faire-Führungsstil, der mit viel Führungslosigkeit dem Mitarbeiter viel Freiraum gibt, sich so zu organisieren, wie es ihm gefällt oder seine Umgebung es zulässt.

Die Gedankenlosigkeit der Geschäftsleitung oder der zuständigen Führungskraft kann nicht zu optimalen Ergebnissen führen. In guten Zeiten für die gesamte Branche geht das gut, weil kaum jemand auf die Idee kommt, dass relativ gute Ergebnisse durchaus noch verbesserungsfähig sein könnten. Aber in schlechten Zeiten rächt sich eine solche Einstellung. Wie an anderer Stelle auch schon erwähnt,

in schlechten Zeiten bewähren sich die rundum gut organisierten Unternehmen, die anderen gehören zu den ersten, die aus dem Markt ausscheiden!

Sicher nicht nur wegen fehlender Stellenbeschreibungen, nein, wegen einer generellen Einstellung zu einer optimalen Organisation aller Tätigkeiten und Vorgänge, deren Unzulänglichkeit auch in dieser Hinsicht ihren Niederschlag findet.

Die Stellenbeschreibung dient zum einen einer genauen Abgrenzung des Tätigkeits- und Verantwortungsbereichs, zum anderen sollte sie auch eine generelle Zielvorgabe beinhalten, die der Stelleninhaber immer vor Augen haben soll. Beispiele:

Abgrenzung:

- Leitung und Organisation von
  - Angebotserstellung / Auftragsannahme
  - Auftragsbearbeitung
  - Bestandsverwaltung

Ziel:

- Ausbau des Kundenbestandes
  - Organisation regelmäßiger Kundenaktionen
  - Verkaufsförderung (Motivieren der Verkaufsorganisation mit Einsatz vor Ort)

- Rentabilität des Geschäfts durch laufende Kontrolle
  - der einzelnen Geschäftssegmente
  - der Verkaufsorganisation nach Vertriebswegen und nach Vertriebs-Hierarchiestufen

Diese Stellenbeschreibung macht deutlich, dass hier nicht der Verwalter mit Ärmelschonern gesucht wird, sondern der Manager, der Mitverantwortung für das Unternehmensergebnis trägt. Sowohl für die Unternehmensleitung als auch für die Führungskräfte sollte es unabdingbar sein, den Mitarbeitern immer wieder deutlich zu machen, was man von ihnen will. Wer nicht sagt, was er will, bekommt nicht, was er will!

Die Stellenbeschreibung ist ein hervorragendes Instrument, seinen Willen auf den Punkt zu bringen!

Außer den Aufgaben und dem Ziel der Stelle beinhaltet die Beschreibung in der Regel noch folgende Punkte:

- Unterstellungsverhältnis
- Überstellungsverhältnisse
- Vertretungsregelung
- Qualifikationsvoraussetzung
- Schnittstellen zu anderen Bereichen

Auch wenn Unternehmensleitung und Personalbereich das Instrument der Stellenbeschreibung noch nicht eingeführt haben, muss das die Führungskraft in ihrem eigenen Organisationsbereich nicht hindern. Nur darf dieser Maßnahme kein zu offizieller Charakter verliehen werden, weil sich dann genau die eigentlich zuständigen Bereiche auf die Füße getreten fühlen, was zu unliebsamen Auseinandersetzungen führen kann: der Fluch der guten Tat.

Stellenbeschreibungen machen noch aus zwei weiteren Gründen besonderen Sinn:

Die Führungskraft wird gezwungen, sich genau zu überlegen, welche Verantwortung und welche Tätigkeiten sie in den betreffenden Bereich delegiert. Mit der Festlegung von Vertretungsregelungen, Schnittstellen nach oben, nach unten und zu allen Seiten werden klare Grenzen aufgezeigt. Das führt zu gesunder Selbstdisziplin und zu einer sauberen Organisationsstruktur.

Der Stelleninhaber versteht klar seinen Zuständigkeitsbereich. Auch ein »Einfachmachenlassen« funktioniert manchmal zufrieden stellend, aber nie so gut!

Die Vorteile bei einem Wechsel sowohl der Führungskraft als auch des Mitarbeiters sind offenkundig.

Bewerbergespräche

Die finanzielle Bedeutung der Entscheidung über die Einstellung eines neuen Mitarbeiters wird regelmäßig verkannt. Neben dem Bruttogehalt kostet ein neuer Mitarbeiter das Unternehmen zusätzlich noch einmal 75 % des Gehaltes an Sozialleistungen. Bei einem Brutto-Monatsgehalt von z. B. 3.500 Euro ergibt sich bei 13 Gehältern im Jahr ein Betrag von 45.500 Euro, zuzüglich 75 % Sozialleistungen ein Betrag von rund 80.000 Euro. Bei einer angenommenen Verweildauer des Mitarbeiters von fünf Jahren ein Gesamtbetrag von 400.000 Euro.

Innerhalb weniger Stunden Bewerbergespräch entscheidet die Führungskraft über einen Betrag in dieser Größenordnung!

Aber die Aufmerksamkeit gilt nicht nur der finanziellen Seite. Neben der Bezahlung stellt sich die Frage, ob denn auch der richtige und passende Mitarbeiter gefunden wurde. Welcher Ärger entsteht, wenn der neue Mitarbeiter nicht die in ihn gesetzten Erwartungen erfüllt? Wenn festgestellt wird, dass er nicht in die Mannschaft oder zur Führungskraft selbst passt? Leider gilt nach wie vor die Faustregel, dass lediglich ein Drittel aller Personalentscheidungen zu einem treffsicheren Erfolg führen und ein weiteres Drittel sich als Fehlentscheidungen herausstellen. Die Fehler sind nicht in einer vielleicht mangelnden Qualifikation der Bewerber zu sehen, sondern in einer mangelhaften Auswahl. Natürlich kann keine hundertprozentige Trefferquote erzielt werden, aber alle Bemühungen müssen darauf zielen, die Ergebnisse der Faustregel im eigenen Unternehmen deutlich besser darzustellen. Reine Bauchentscheidungen führen nicht zu diesem Ziel. Sie beruhen zu sehr auf ersten Eindrücken, Vorurteilen oder Antipathien. Objektiver wird eine Personalentscheidung, wenn sie nicht auf dem Urteil eines Einzelnen beruht, sondern wenn sich möglichst mehrere ein Bild über die auszuwählende Person machen, also nicht nur der direkte Vorgesetzte und der Personalchef, auch ein oder zwei gleichrangige Kollegen des direkten Vorgesetzten. Obwohl es in der Praxis kaum geschieht, macht es sehr viel Sinn, die im Unternehmen angewendeten Einstellungskriterien laufend an Hand der Erfolge der eingestellten Mitarbeiter zu überprüfen. Häufig würde sich herausstellen, dass die bevorzugt eingestellten weniger erfolgreich sind, als diejenigen, die vielleicht mit Bedenken angenommen wurden. Das wahrscheinlich deshalb, weil in den Personalabteilungen den vorgelegten Zeugnissen zuviel Bedeutung beigemessen wird, anstatt herauszufinden, wie das praktische Leistungsvermögen des Bewerbers aussieht. Zeugnisnoten stehen alleine auf dem Papier, nur selten spiegeln sie die wahren Fähigkeiten einer Person wider.

Die Konsequenz aus diesen Erkenntnissen kann nur sein, dass Bewerbergespräche nicht mit der linken Hand geführt werden dürfen, sondern vernünftig vorbereitet werden müssen.

Die Bewerbergespräche haben folgende Ziele:

- **Die Führungskraft muss in ihnen so viele Informationen aufnehmen, dass sie sich in der Lage sieht, eine Entscheidung über die Person des Bewerbers zu fällen**
- **Der Bewerber soll alle ihn interessierenden Fragen beantwortet bekommen**
- **Der Bewerber soll ein maximales Interesse an der vakanten Position aufbauen**

Diese drei Ziele sollten gleichgewichtig angegangen werden.

Informationen über den Bewerber zu erhalten bedeutet, den Bewerber zum Reden zu bringen!

Das scheint häufig für besonders extrovertierte Führungskräfte ein Problem zu sein. Sie reden selbst während des gesamten Treffens und wissen nachher nichts über den Bewerber, außer dass er ein guter Zuhörer zu sein scheint. Das mag zwar eine Eigenschaft sein, die sie sehr schätzen, aber das ist kein unbedingtes Qualifikationsmerkmal. Für beide nicht! Ähnlich reagieren Führungskräfte bei besonders qualifizierten Bewerbern, die sie unbedingt einstellen wollen. Da sie innerlich schon ihre Entscheidung getroffen haben, neigen sie dazu, nur noch sich und das Unternehmen anzupreisen und verzichten überflüssigerweise darauf, neben der schon erkannten Fachqualifikation wichtige sonstige Eigenschaften, wie Hobbys (verletzungsgefährdende Sportarten), Ehrenämter (zeitlicher Zwiespalt), Familienverhältnisse (Eheprobleme), finanzielle Verhältnisse (Schulden) usw. abzufragen. Der Bewerber bekommt dabei das ungute Gefühl, dass er nicht für wichtig genommen wird, oder er merkt, wie der Hase läuft und erhöht seine Forderungen.

Selbst, wenn die Führungskraft schon glaubt, alle wichtigen Informationen zu haben, macht es Sinn, den Bewerber weiter zu befragen. Man muss erfahren, wie der Bewerber redet, wie er sich artikuliert und welchen eigenen Aussagen er selbst besonderes Gewicht beimisst. Was stellt er sich unter der angebotenen Position vor? Was will er bewirken? Passen seine Vorstellungen zu denen des Unternehmens? Wo sieht er seine Stärken und wo seine Schwächen? Aufschlussreich kann es werden, ihn entweder aus dem Stegreif oder als Hausaufgabe eine Konzeption für seine zukünftige Tätigkeit entwickeln zu lassen. Vorsicht, wenn Bewerber vor allem vorhaben, sich selbst zu verwirklichen. Sie büxsen in der Praxis gerne aus und sind ungeheuer schwer wieder einzufangen. Das wird sehr anstrengend und geht in der Regel früher oder später wieder auseinander.

Am ehesten erhält die Führungskraft eingehende Informationen, wenn sie dem Bewerber als angenehmer und sympathischer Gesprächspartner gegenübertritt. Wird versucht, die Überlegenheit des Unternehmens mit der Demonstration einer harten und fordernden Gesprächsführung auszuspielen, wird der Bewerber umso verschlossener sein. Das bringt nie den gewünschten Erfolg.

Am anstrengendsten sind die Bewerbergespräche, bei denen die Führungskraft schon in den ersten fünf Minuten erkennt, dass der Bewerber keinesfalls infrage kommt. Insbesondere, wenn der Bewerber weit anreiste, gebietet es die Höflichkeit, mit ihm ein angemessen langes Gespräch zu führen. Das wird zwar hauptsächlich vertane Zeit sein, aber auch der ungeeignete Bewerber soll nicht mit einem schlechten Eindruck vom Unternehmen aus dem Gespräch gehen. Wer weiß, wo er diesen Eindruck verbreitet?

Nach einer nicht zu langen Frist gebietet es der Anstand, dass man den Bewerber nicht mehr im Ungewissen über die Entscheidung lässt. Sind sachliche Gründe ausschlaggebend für eine Absage, sollten diese offen genannt werden. In der Regel finden diese Verständnis, wenn der Bewerber auch darüber nicht glücklich sein kann. Hat sich die Führungskraft innerhalb von 14 Tagen nach dem Bewerbergespräch noch nicht entscheiden können, sollte ein Zwischenbescheid erfolgen, es sei denn, es wurde schon im Gespräch ein längerer Zeitraum angekündigt und vom Bewerber akzeptiert.

Assessmentcenter

Die Durchführung von Assessmentcentern für vorhandene oder neu einzustellende Mitarbeiter ist ein komplexes Thema für sich. Daran intensiver Interessierte können eigene Abhandlungen hierüber lesen. Im Zusammenhang mit einem Führungsbrevier sind aber ein paar Hinweise sinnvoll.

Von ihrem theoretischen Ansatz her, weist das System des Assessmentcenters durchaus wertvolle Aspekte zur Fähigkeitsbeurteilung von Mitarbeitern auf. Warum scheitern so viele in der Praxis? Die Gründe sind vielfältig und von Fall zu Fall unterschiedlich. Der Hauptgrund sind die handelnden Personen und deren mangelnde Fähigkeiten und Kenntnisse über die diffizile Materie. Eine nur kurze Einweisung von unternehmenseigenen Kräften ohne eingehendes Training und vor allem ohne eine Überprüfung der Eignung dieser Kräfte für eine solche Aufgabe durch Profis führt unweigerlich zu einem Desaster.

Unabhängig von der Eignung, müssen den zu Beurteilenden adäquate Partner gegenüber gesetzt werden.

Es kann nicht gut gehen, wenn die neu zu besetzende Position hierarchisch deutlich über der Stellung des Prüfers liegt.

Die Auswirkungen von Fehlern, die bei der Durchführung von Assessmentcentern gemacht werden können, haben tief wirkende negative Auswirkungen. Wenn nicht absolute Profis eingesetzt werden können, sollte man besser die Finger davon lassen!

Krieger- Kreis der wichtigsten Führungsinstrumente

Der Krieger-Kreis fasst noch einmal die wichtigsten Führungsinstrumente in einer optischen Darstellung zusammen. Jede Führungskraft, die diese Führungsinstrumente anwendet erreicht automatisch Führungsautorität, Akzeptanz und Anerkennung. Die Anwendung ist unabhängig von der Hierarchiestufe und von generellen Regeln hierüber im Unternehmen.

Die komplette Anwendung dieser Führungsinstrumente ergibt einen logischen Zusammenhang, der für alle erkennbar wird.

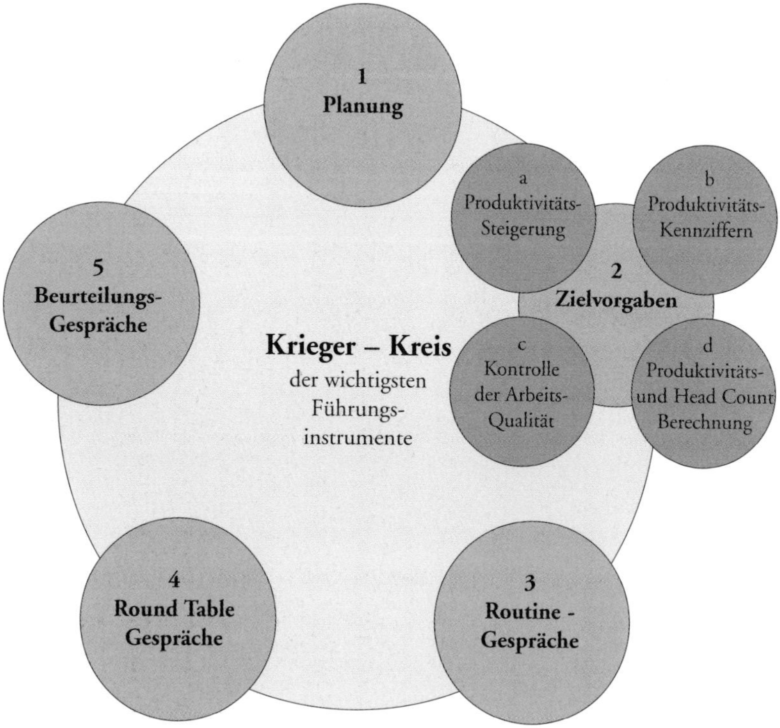
1
Planung
a
Produktivitäts-
Steigerung
b
Produktivitäts-
Kennziffern
2
Zielvorgaben
c
Kontrolle
der Arbeits-
Qualität
d
Produktivitäts-
und Head Count
Berechnung
3
Routine -
Gespräche
4
Round Table
Gespräche
5
Beurteilungs-
Gespräche
Krieger – Kreis
der wichtigsten
Führungs-
instrumente

4. Das Topmanagement

4.1 Krisenmanagement / Schwierige Situationen

- Allgemeine Reaktion
- Die Rückstandssituation
- Die Sanierung
- Die Unternehmenskrise
- Die Rationalisierung
- Die neue Position
- Persönliche Angriffe

Allgemeine Reaktion

Die wichtigste Reaktion in allen schwierigen Situationen muss grundsätzlich sein:

»Das Feuer sofort austreten, sobald es erkannt wird!«

Diesen Grundsatz kann sich eine Führungskraft gar nicht genug zu Herzen nehmen. Die meisten misslichen Situationen wären so einfach zu verhindern gewesen, hätte der Verantwortliche nur früh genug reagiert. Das gilt in allen Lebenssituationen, in der Politik, in der Ehe, bei Freundschaften und nicht nur im Management. Es ist besser, bei der schnellen Reaktion tatsächlich oder in den Augen Beteiligter oder Außenstehender zu überziehen und dabei vielleicht sein gutes Ansehen ankratzen zu lassen, als tiefer in die Misere zu geraten und dann nur mühsam oder überhaupt nicht mehr herauszukommen. Dieser vorübergehende Ansehensverlust bewahrt andererseits vor größerem Misserfolg und größerer Schmach.

Tritt die schwierige Situation für alle erkennbar ein, erregt sie höchste Aufmerksamkeit. Zunehmend fangen alle an mitzureden und jeder weiß es besser. Die Führungskraft muss sich die dümmsten Ratschläge auch von Nichtskönnern anhören, ganz abgesehen von den Geiern, die versuchen, die Situation zum Schaden des Betroffenen auszunutzen, entweder aus hämischer Freude über den Misserfolg des Kollegen oder um seine Position zu übernehmen. Wenn es schon so weit kam, heißt es cool bleiben und einstecken können. Die Situation kann nur ohne größeren Schaden überstanden werden, wenn der höher stehende Vorgesetzte mit Stärke zur Führungskraft steht. Wenn der Vorgesetzte zur Führungskraft hält, dann nur so lange er nicht selbst in eine gefährliche

Schusslinie gerät. Das muss eine umsichtige Führungskraft in Betracht ziehen und alles dafür tun, Schuld, die den Vorgesetzten treffen könnte, auf sich zu konzentrieren. Dazu dient es, öffentlich die Verantwortung zu übernehmen, hohes Schuldbewusstsein zu demonstrieren und deutlich zu machen, dass man nun keine Arbeit scheut, die Situation wieder in Ordnung zu bringen. Das kostet Nerven und lange nicht jeder übersteht eine solche Situation. Frühere »Freunde« distanzieren sich plötzlich, um nicht mit in den Strudel zu geraten.

Die schlimmste Auswirkung bei einer zu späten Reaktion ist der Jobverlust!

Nicht zu vermeiden sind Gesichtsverlust und wahrscheinlich negative Auswirkungen auf Gehaltsentwicklung und Beförderung. Dennoch, wenn das Kind in den Brunnen fiel, hilft es nichts, den Kopf in den Sand zu stecken. Der Blick muss nach vorn gerichtet werden. Auf keinen Fall dürfen drastische und notwendige Gegenmaßnahmen nun noch weiter hinausgeschoben werden. Auch hohe Flammen sind mit großen Mühen noch zu löschen, aber kein Haus, das in seiner Gesamtheit lichterloh brennt. Auch bringt es der Führungskraft nichts, wenn sie versucht, eine verfahrene Situation unter den Teppich zu kehren. Wenn etwas schief läuft, sollte sie mit ihrem Vorgesetzten darüber reden und ihn um Hilfe bitten. Erfahrene Führungskräfte werden nicht nur auf augenblickliche Gefahren achten, sie beugen zukünftigen Gefahren vor und begegnen ihnen mit aller Energie.

Scheu vor drastischen Gegenmaßnahmen ist unangebracht!

Man lässt Gefahren nicht weiter auf sich zukommen, nur um schwierige und aufwändige Maßnahmen zu vermeiden. Die Maßnahmen sind nicht zu vermeiden, sie werden höchstens verschoben und das nur zum Nachteil der Betroffenen.

Die Rückstandssituation

Auch die Rückstandssituation kann eine solche schwierige Situation sein. Kleine Rückstände werden in der Regel kaum beachtet, weil man davon ausgeht, dass sie sich in kurzer Zeit von selbst auflösen. In den meisten Fällen stimmt das sogar. Aber niemand ist Hellseher. Keiner weiß, ob nicht morgen durch Zufall zwei Mitarbeiter ausfallen und die kleinen Rückstände zu großen werden, die nicht mehr zu bewältigen sind. Zwangsläufig bauen sich dann noch zusätzliche Rückstände auf. Plötzlich und vollkommen unerwartet kommt eine Lawine in Gang, die die Führungskraft vollkommen unvorbereitet trifft. Dann steht Feuer auf dem Dach.

Eine durch eine solche Situation gebrannte Führungskraft scheut schon die kleinsten Rückstände wie der Teufel das Weihwasser.

Sie setzt sofort alle Hebel in Bewegung, um dagegenzuwirken. Und das ist richtig so!

Was macht man aber, wenn die Misere schon eingetreten ist und die Rückstände schon anfangen, unübersehbar zu werden? Vor allem jetzt nicht die Nerven verlieren und hektisch werden. Die Mitarbeiter sind jetzt schon nervös genug. Sie brauchen nun eine sichere Führung, die sie wieder Zuversicht schöpfen lässt. Alles andere führt zu einer schnellen

Resignation, die die Lawine weiter zu Tal stürzen lässt. Selbst mit einer sicheren Führung nährt sich die Lawine selbst. Die rückständigen Vorgänge führen zu Erinnerungen, Nachfragen und zum Suchen von Vorgängen, was unproduktive, aber unvermeidbare zusätzliche Arbeitsbelastung bringt.

Der erste Schritt muss eine Inventur sein!

Das heißt, die rückständige Arbeit muss nach sinnvollen Kategorien sortiert und gezählt werden. Handelt es sich hierbei um Riesenmengen von Poststücken, kann die »Zählung« auch in Form einer Messung mit dem Lineal nach Zentimetern, hoffentlich nicht nach Metern, erfolgen. Diese Messung kann unter Umständen aufwändig sein und manche Führungskraft glaubt, dass die Arbeitszeit nutzbringender mit einer Abarbeitung der Rückstände verbracht werden kann. Das ist eine nur vordergründige, sehr kurzsichtige Ansicht.

Es muss unbedingt eine genaue Übersicht über die Situation gewonnen werden!

Nur wer genau weiß, was die Rückstandssituation konkret bedeutet, kann die richtigen Gegenmaßnahmen ergreifen. Auch die einmalige Inventur reicht nicht aus. Danach muss täglich die Entwicklung der ausstehenden Arbeitsmenge beobachtet und dokumentiert werden.

Der zweite Schritt besteht in einer Bewertung der Rückstandssituation:

- **Wie viele Arbeitsvorgänge können von einem Mitarbeiter im Durchschnitt pro Tag erledigt werden?**
- **Wie viele Arbeitsvorgänge sind vorhanden?**
- **Wie viele Mann-Tage Arbeit ergeben sich aus den Rückständen?**
- **Kann die aktuell täglich eingehende Arbeitsmenge überhaupt von den anwesenden Mitarbeitern bewältigt werden, oder erhöhen sich die Rückstände permanent?**
- **Wie viele Mann-Tage Überstunden (täglich und Wochenendarbeit) sind in einer Woche möglich?**
- **In welcher Zeit kann die Rückstandssituation bei realistisch berechnetem maximalem Arbeitseinsatz abgebaut werden?**

Eine tabellarische Darstellung der nach diesen Fragen festzustellenden Situation gibt den unbedingt notwendigen Überblick, der auch nach außen demonstrieren kann, dass die verantwortliche Führungskraft nicht vollends hilflos dasteht. Eine darauf aufbauende Maßnahmenplanung gibt der Führungskraft Sicherheit, weil daraus konkrete Ziele abzuleiten sind. Sie zeigt, dass sie die Situation im Griff hat. Diese Sicherheit ist unbedingt notwendig, um mit Gewissheit zu erwartende Anfechtungen von diversen Seiten abzuwehren und um den nervösen Mitarbeitern aufzeigen zu können, wann Licht am Ende des Tunnels zu sehen sein wird. Nur das allein kann sie motivieren, mit Eifer die für alle missliche Lage möglichst schnell zu überwinden.

Zur Bewältigung von hohen Rückständen ist die Beibehaltung der normalen Arbeitsorganisation nicht hilfreich.

Außergewöhnliche Situationen verlangen nach außergewöhnlichen Maßnahmen!

Gerechtigkeit bei der Arbeitsverteilung muss nun hintenanstehen. Jeder Mitarbeiter hat eine maximale Arbeitsleistung zu erbringen, d. h. der schnelle Mitarbeiter muss deutlich mehr leisten als der langsame. Die damit vielleicht verbundene Ungerechtigkeit muss dann allerdings auch mit einer besonderen Bezahlung ausgeglichen werden. Sonst gibt es vermeidbare Verärgerungen. Bei Kleinigkeiten großzügig sein!

Der dritte Schritt ist die Umsetzung der als notwendig erkannten Maßnahmen:

- **Vorübergehende Neuverteilung der Arbeit**
- **Organisation der freiwilligen oder angeordneten Überstunden und Wochenendarbeit und Abstimmung mit allen zuständigen Stellen (Personalabteilung, Betriebsrat, EDV usw.)**
- **Analyse der Arbeiten und Aufschlüsselung in einzelne einfache Arbeitsabläufe, die schnell zu erlernen sind**
- **Rekrutierung und Einsatz von Zeitarbeitskräften (aus dem Unternehmen ausgeschiedene Rentner und Mütter, Vermittlung von Kräften durch professionelle Vermittler, Kollegen aus anderen Unternehmensbereichen usw.)**
- **Festlegung von Incentives zur Motivation der Mitarbeiter, Bezahlung nach Stück zur Anregung zu einer Akkordarbeit**
- **Anordnung einer Urlaubssperre, evtl. mit Inkaufnahme der Übernahme von Stornogebühren an Reiseveranstalter**

Die direkt verantwortliche Führungskraft darf die Mitarbeiter während der Durchführung dieser Maßnahmen keinesfalls allein lassen. Sie muss die meiste Zeit während der Überstunden und der Wochenendarbeit präsent sein, zum einen zur Überwachung der Arbeiten, zum anderen zur Motivation. Hält sie sich nicht strikt daran, schadet das unweigerlich dem Arbeitsergebnis und der Reputation.

Der indirekt verantwortliche, der Führungskraft übergeordnete Manager ordnet die aufgezeigten Maßnahmen an, wenn die Führungskraft sie nicht von sich aus ergreift. Eine zeitnahe Überwachung anhand von fließenden Situationsübersichten muss Pflicht sein. Spätestens nach der Durchführung einer schwierigen Rückstandsbewältigungs-Aktion empfiehlt sich zumindest

für anfällige Bereiche die Einführung von permanenten wöchentlichen Arbeitsstandsmeldungen!

Die unbedingt notwendige planvolle Vorgehensweise zur Bewältigung der Rückstandssituation erfordert von der zuständigen Führungskraft ein Höchstmaß an Disziplin. Chaotische Führungskräfte werden scheitern. Dazu gehören solche, deren Schreibtisch permanent voll geladen ist.

Einem vollen Schreibtisch muss immer mit Misstrauen begegnet werden!

Die Sanierung

Die Rückstandsbewältigung stellt eine kleine Stufe einer Sanierung dar. Rückstände sind in der Regel Probleme einer Abteilung oder eines Bereichs. Bei der Sanierung geht es um die Lösung eines existenziellen Problems einer Gesellschaft. Von daher ist die Größenordnung und Bedeutung eine ganz andere. Zur Sanierung gehören zwei Manager unterschiedlicher Qualität: der eine, der die Gesellschaft zu einem Sanierungsfall gemacht hat, der andere, der nun eingesetzt wird, um die Probleme zu lösen. Den Ersteren dazu einzusetzen, die verfahrene Situation zu bereinigen, wäre sicher der falsche Ansatz. Entweder muss ein fähiger Manager aus dem eigenen Unternehmen herangezogen werden, oder ein Außenstehender wird engagiert. Bei diesen Ausführungen erfolgt eine Konzentration auf den unternehmenseigenen Manager.

Die grundsätzliche Aufgabenstellung für den Sanierer lautet immer: In kürzester Zeit den Turnaround schaffen!

Wenn die Existenz des Unternehmens auf dem Spiel steht, zählen Wochen und Tage. Es darf allerdings nicht verkannt werden, dass es Sanierungsphasen gibt, die sich nur über Jahre hinziehen können, weil die Gesellschaft – vielleicht auch naturgemäß – Verpflichtungen eingegangen ist, die nicht von heute auf morgen gelöst werden können. Wie auch immer, schnelles Handeln wird auf jeden Fall gefordert. Das bedeutet allerdings auch, dass es keine Zeit für langatmige Untersuchungen gibt. Natürlich sind damit auch Risiken verbunden! Mit diesen wenigen Erkenntnissen wird schon klar, dass sich der Sanierer Kritik aussetzt, und zwar Kritik von Besserwissern und Erbsenzählern. Zu diesen gesellen sich schnell die von notwendigen harten Maßnahmen betroffenen Mitarbeiter, die entweder positionell betroffen sind oder die sich gravierenden Änderungen in ihrem Arbeitsbereich ausgesetzt sehen.

Der Manager, der eine Sanierungsaufgabe übernimmt, wird dabei keine Freunde gewinnen!

Dessen muss er sich im klaren sein. Selbst beim Erfolgreichen kann es sein, dass er nach der Sanierung keine Chancen mehr im Unternehmen hat, weil die Anzahl seiner gewonnenen Feinde überwiegt. Er sieht sich Problemen ausgesetzt, die ein externer Sanierer auf Zeit nicht bekommt.

Nimmt der Sanierer nach kurzer, aber reiflicher Überlegung die Aufgabe an, muss er so schnell und so hart wie möglich handeln!

Das harte Durchgreifen ist dabei noch wesentlich wichtiger als die Schnelligkeit!

Grundsätzlich kann davon ausgegangen werden, dass die Situation wesentlich schlimmer ist, als sie sich darstellt. Es gibt kaum eine Sanierungssituation, bei der nicht irgendwelche Leichen im Keller schlummern, die erst nach und nach zu Tage treten. Das muss der Sanierer bei seinen Überlegungen unbedingt mit ins Kalkül ziehen und die Situation härter angehen, als es offenkundig notwendig scheint und als der Umkreis der Mitbeteiligten es einsieht. Eine nur auf die bekannte Situation abgestimmte Sanierungskonzeption muss sonst laufend verändert und gegebenenfalls neu präsentiert werden.

Der Sanierer handelt richtig, wenn jeder rings um ihn herum glaubt, dass er maßlos überzieht!

An dieser Zwickmühle scheitern die meisten. Sie handeln richtig, finden aber keine Akzeptanz. Oder sie finden keine lauten Gegenstimmen. Akzeptanz werden sie in den wenigsten Fällen genießen, weil keiner Mitverantwortung übernehmen will. Erfolg kann nur eine äußerst starke Persönlichkeit erlangen, die sich von keinem Gegenwind beeindrucken lässt und mit fester Überzeugung ihren eigenen Weg geht. Nur eine harte Sanierung kann fruchten! Weichheit ist nirgendwo mehr fehl am Platz als hier.

Der Sanierer darf nicht unsicher sein! Er muss eine genaue Vorstellung über die notwendigen Maßnahmen und feste Ziele im Auge haben! Hat er das nicht, wird er als der Falsche scheitern. Deshalb sollte er schon aus Eigeninteresse die Aufgabe nicht übernehmen. Zur Sicherheit und zur schnellen Erkenntnis der notwendigen Maßnahmen gehört auf jeden Fall Erfahrung. Die Sanierung ist nichts für junge Führungskräfte, die sich noch üben müssen.

Zum Anforderungsprofil gehört Sattelfestigkeit in der Anwendung erfolgreicher Management-Techniken!

Personelle Aderlässe werden in den wenigsten Fällen zu vermeiden sein. Die erfahrene Führungskraft versteht es, die sachliche Notwendigkeit für alle verständlich zu erklären und dann einfühlsam, aber konsequent zu handeln. Ehrgeizige Mitarbeiter müssen an den richtigen Stellen eingesetzt und auf das Sanierungskonzept eingeschworen werden. Eine gut aufgebaute, schlagkräftige und positiv gestimmte Mannschaft gibt allen Mitarbeitern wieder Zuversicht.

Längere Sanierungsphasen bergen die Gefahr in sich, dass der Sanierer als zuständige Führungskraft für den zu sanierenden Bereich schleichend, aber zunehmend mit den unbefriedigenden Zahlen und Ergebnissen identifiziert wird. Er hat das schlechte Los, über längere Zeit schlechte Ergebnisse präsentieren und rechtfertigen zu müssen. Er darf keinen Tag vergehen lassen, ohne darauf hinzuweisen, dass er die unzureichende Situation übernommen und nicht verursacht hat.

Die Unternehmenskrise

Existenzielle Probleme entstehen nicht nur durch Missmanagement, sie werden auch durch unlautere oder kriminelle Handlungen von Mitgliedern der Geschäftsführung verursacht, z.B. durch Unterschlagungen, Bestechlichkeit oder der Ausnutzung von Insiderinformationen. Sobald entsprechende Kenntnisse an die Öffentlichkeit gelangen, gerät das Unternehmen in die Schusslinie der Presse, die nichts unterlässt, Informationen und Spekulationen zu verbreiten. Nicht selten gelangt die Presse auf unergründlichen Wegen an interne Informationen, die selbst für die lauteren Geschäftsleitungsmitglieder neu sind. Die Gefahr liegt dann darin, dass diese echte Unwissenheit nicht geglaubt wird und der gesamten Geschäftsleitung unterstellt wird, entweder an den Machenschaften beteiligt zu sein oder zumindest die Augen vor den negativen Vorgängen verschlossen zu haben.

Der Geschäftsleitung oder dem verantwortlichen Kontrollgremium kann nur geraten werden, sofort nach Kenntnisnahme die Flucht nach vorn anzutreten und die konkret in Verdacht geratenen Personen zumindest bis auf weiteres von ihren Ämtern zu suspendieren und öffentlich zu erklären, dass alles in der Macht stehende getan wird, die Vorfälle bis ins letzte Detail aufzuklären. Zur Demonstration der Ernsthaftigkeit müssen der Presse alle angeforderten Auskünfte erteilt werden. Taktisch macht es sich gut, wenn Pressevertreter gebeten werden, bei der Aufklärung zu helfen und der Geschäftsleitung nicht bekannte Informationen zugänglich zu machen.

Mit einem solchen Verhalten legt sich das Interesse der Presse schneller, als wenn sie sich durch die Aufdeckung immer neuer, bisher verborgen gehaltener Missstände spektakulär interessant machen kann. Das bringt die gesamte Geschäftsleitung in Misskredit. Nur die Demonstration von Offenheit kann die Krisensituation entschärfen.

Die Rationalisierung

Das Vorgehen zur Wahrnehmung von Rationalisierungsmöglichkeiten wurde schon in den Kapiteln über Produktivitätskennziffern (PKZ), Notwendiger Personaleinsatz (Headcount) und Produktivitäts- und Headcount-Berechnung beschrieben. Unter dem modernen Rationalisierungszwang lassen sich weniger qualifizierte Geschäftsleitungen dazu verleiten, ihre Bemühungen einseitig in eine Richtung zu lenken. Anstatt zu einem großen Wurf auszuholen wühlen sie in den Niederungen des »Kleinkrams« und erreichen mit vielen außerordentlich erfolgreichen Einzelmaßnahmen nur minimale Auswirkungen auf das Unternehmensergebnis.

Die Dinge werden richtig gemacht, aber es werden nicht die richtigen Dinge gemacht!

Es ergibt keinen Sinn, mit großer Effizienz Aufgaben zu erledigen, die eigentlich gar nicht gemacht werden sollten. Auch an dieser Stelle muss eine Faustregel beachtet werden, die sich durch viele ergebniswirksame Faktoren zieht. Eine Anzahl von nur 20% der Faktoren hat einen Einfluss von 80% auf das Ergebnis. Das gilt auch und insbesondere im Vertrieb. 20% der Verkäufer erbringen 80% der gesamten Vertriebsleistung. Bevor also aufwändige Maßnahmen zur Effizienzsteigerung ergriffen werden, muss man im Fokus haben, wo die größte Hebelwirkung zu erzielen ist.

Ein größerer negativer Einfluss ergibt sich aber auf die Motivation der Mitarbeiter. Die Ergebnisauswirkungen unter dem Strich sind gleich Null und die sonstigen Auswirkungen sind bei großer Frustration der Mitarbeiter verheerend. Frustrationen ergeben sich speziell z.B. durch kleinliche Reisekostenbestimmungen, Dienstwagenordnungen und Qualität des Kantinenessens oder Einschränkungen bei der Gästebewirtung. Nicht dass hierbei keine Einschränkungen möglich wären. Sie dürfen aber nicht überzogen kleinlich wirken. Führungskräfte, die auf Dienstreisen nur noch in drittklassigen Hotels übernachten dürfen, treten zu deren Vermeidung lieber abends die Heimreise an, um dann zu höheren Kosten am nächsten Tag die Reise von zu Hause aus fortzusetzen usw.

Nicht bei den Sachkosten lassen sich die großen Einsparungen erzielen. Im Vordergrund steht der große Block Personalkosten, beeinflusst durch die Rationalität der Arbeitsverfahren. Über die schon beschriebenen Maßnahmen können Kosten für unproduktive Mitarbeiter und Mitarbeiter, deren Stelle überflüssig wurde, eingespart werden.

Rationalisierung wird oft fälschlicherweise mit Kosteneinsparung gleichgesetzt. Es geht aber nicht um die absolute sondern um die relative Kostensenkung, die sich in einem günstigeren Kostensatz niederschlägt. Ein günstigerer Kostensatz kann in manchen Situationen sogar durch eine Investition, also durch eine absolute Kostenerhöhung, erreicht werden, die eine überproportionale Umsatzsteigerung bewirkt. Gedacht werden kann hierbei an eine weitere Technisierung der Arbeitsvorgänge, aber auch an neue oder zusätzliche erfolgsabhängige Boni zur Erhöhung der Motivation maßgeblicher Arbeitskräfte. Kosteneinsparungen müssen in erster Linie dort veranlasst werden, wo kein Bezug zu Einnahmensteigerungen besteht. Geschieht das nicht in regelmäßigen Abständen, wird es immer mehr Kostenstellen und Kostenarten geben, die nicht produktiv sind.

In der Regel dürfte ein Mix von Kosteneinsparung und Investition den größten Rationalisierungseffekt ergeben. Wenn denn das Unternehmen nicht so weit heruntergewirtschaftet wurde, dass es kurzfristig nur noch mit Kosteneinsparungen über Wasser gehalten werden kann.

Die neue Position

Wer eine neue Position antritt, verlässt eine alte. Genauso wie der Antritt vorbereitet sein will, sollte der Austritt durchdacht erfolgen. Überflüssige Frustrationen können vermieden werden. Auch die zugeneigtesten Kollegen und Mitarbeiter wenden sich von Tag zu Tag nach Bekanntgabe des Ausscheidens mehr und mehr ab und stellen sich schon auf die kommende Situation und den kommenden Nachfolger ein. Der Stelleninhaber gerät unweigerlich auf ein Abstellgleis. Dagegen hilft nur eins:

Die Änderung so spät wie möglich bekannt machen!

Natürlich steht das nicht ausschließlich in der eigenen Macht. Die Fairness gegenüber dem Unternehmen gebietet es andererseits, den Vorgesetzten frühzeitig zu informieren, damit das Unternehmen nicht in Zeitnot gerät. Ein Gentleman's Agreement sollte angestrebt werden. Der Vorgesetzte verpflichtet sich dann mit zu vorläufigem

Stillschweigen. Ob er sich daran hält, ist eine andere Frage. Spätestens wenn Informationen durchsickern, müssen sofort die Mitarbeiter von der Führungskraft selbst informiert werden, sonst gibt es einen Vertrauensverlust, der dem Abgang einen schlechten Beigeschmack mitgibt. Das gilt unabhängig davon, ob man das Unternehmen verlässt oder innerhalb des Unternehmens eine andere Position übernimmt.

Steigt ein Mitarbeiter oder eine Führungskraft im bisherigen Bereich auf, so hat sie in Zukunft bisherige Kollegen zu führen. Das wird umso schwieriger, je vertrauter sich das Verhältnis zu diesen Kollegen darstellt.

Vertraulichkeit ist ein Gegner der Akzeptanz!

Die für die Beförderung zuständige Bereichs- oder Unternehmensleitung tut gut daran, den Aspiranten nach Möglichkeit vorab für mindestens drei Monate in einen anderen Bereich zu versetzen. Das gibt neue wichtige Eindrücke und vor allem Abstand, der die Rückkehr und die neuen Gegebenheiten für alle einfacher verkraftbar macht. Die neue Führungskraft muss sich so schnell wie möglich von den alten Vertrautheiten lösen, sonst gewinnt sie nicht die notwendige Führungsautorität – und die hat jetzt absolute Priorität, nicht die Beliebtheit.

Mit der Besetzung einer neuen Position werden die Karten neu gemischt. Wie sie fallen werden, muss man sehen. Das heißt, alle Seiten, der neue Stelleninhaber, die Vorgesetzten und auch die Mitarbeiter haben einen Gestaltungsspielraum, der die Zukunft prägt. Diese Erkenntnis muss bewusst sein, denn

der Geschickte versteht es, diese Situation für sich auszunutzen!

Es gibt kaum eine vergleichbare Situation, die es sowohl dem Vorgesetzten als auch der neuen Führungskraft erlaubt, sich weite Freiräume zu schaffen. Wer das will, darf Ängsten keinen Raum geben. Das Claim muss weit abgesteckt werden, allerdings darf auch nicht maßlos überzogen werden. Die Frage: »Was darf ich?« sollte nicht gestellt werden.

Handeln ist angesagt, mit einer sensiblen Beobachtung der Reaktionen!

Wer spürt, dass er zu sehr aneckt, muss ein Stück zurückweichen. Hier helfen offene Gespräche, die immer ankommen, weil dem Neuen nachgesehen wird, dass er die Gepflogenheiten nicht kennt. Der Mutige wird die Vorteile auf seiner Seite haben und er wird erstaunt sein, wie einfach die anderen nachgeben oder erst gar nicht opponieren, weil sie die Brisanz der Stunde nicht erfassen.

Die erste fachliche Aktivität sollte in einer Inventur des Verantwortungsbereichs bestehen!

Penibel müssen alle Widrigkeiten offen gelegt werden und auf deren Bereinigung bestanden werden. Bei der Übernahme der Führung eines Unternehmens oder eines größeren Bereichs unterziehen schon erfahrene Füchse zuerst die bilanziellen Rückstellungen sowie die Aktivposten und deren bisherige Abschreibungen einer höchst kritischen Überprüfung. Beide Gebiete sind Spielplätze für Bilanzkosmetik, da in der Regel eine subjektive Betrachtung großen Einfluss hat. Der Fuchs weist immer nach, dass die Abschreibungen genauso wie die Rückstellungen zu niedrig angesetzt sind und deshalb umgehend deutlich erhöht werden müssen. Das bringt zwei Riesenvorteile. Zum einen erscheinen die Erfolge des Vorgängers in einem nicht mehr so günstigen Licht – das macht einen Vergleich der Personen angenehmer, zum anderen geben höhere Rückstellungen und ein finanzieller Ausgleich für höhere Abschreibungen eine starke Ausgangsbasis, um nicht zu sagen ein beruhigendes Polster zum Ausgleichen nicht gar so toller Geschäftsjahresergebnisse. Kümmert sich der Neue um z. B. echte Versäumnisse auf diesen Gebieten nicht, hängen ihm diese Angelegenheiten nach kurzer Zeit an, und niemand fragt mehr danach, wer der eigentliche Verursacher war. Das alles gilt nur dann nicht, wenn der Vorgesetzte der bisherige Stelleninhaber war. Dann dürfen Bereinigungen nur ohne großes Aufheben durchgeführt werden.

Notwendige personelle Bereinigungen müssen behutsam und nicht überstürzt angegangen werden. Viele Mitarbeiter hoffen, dass sich ihre Lage durch einen Führungswechsel verbessert. Meistens irren sie, denn häufig zeigt sich, dass sich ihre Lage nachher verschlechtert. Die neue Führungskraft sieht sich zur Durchsetzung ihrer eigenen Strategie gezwungen, einige Mitarbeiter vor den Kopf zu stoßen, selbst die, die ihr wohlgesonnen sind und sie willig unterstützen. Ihre hohen Erwartungen sind kaum voll zu befriedigen. Ausnahmen bestätigen die Regel, insbesondere bei Führungskräften, die zur Stärkung ihres schwachen Egos Einschmeichler brauchen und diese wegen dieser Eigenschaft über ein objektiv vernünftiges Maß hinaus fördern oder befördern. Wenn die Einschmeichelei zum wichtigsten Kriterium für eine wohlwollende Behandlung oder Förderung durch die Führungskraft wird, hinter der objektive Fähigkeiten zurückstehen, wird das Unternehmen geschädigt. Leider oft unerkannt oder ohne schädliche Folgen für die Führungskraft.

Der Führungskraft sollte bewusst sein, dass sich immer die Schwächeren zuerst auf die Seite des Neuen schlagen!

Will er die Stärkeren für sich gewinnen, die ihm vielleicht zu Beginn seiner Amtszeit abweisend gesinnt sind, so lässt sich auch das zu seinem eigenen Vorteil durchaus ermöglichen. Die kritischen guten Mitarbeiter können durch eine Befriedigung ihrer stärksten Bedürfnisse gewonnen werden, sei es eine Gehaltserhöhung oder eine positionelle Verbesserung. Sie fühlen sich gezwungen, durch wohlgefälligen Einsatz die Vorschussgunst zu verdienen. Von diesen Mitarbeitern wird die neue Führungskraft in Zukunft mehr Vorteile zu erwarten haben als von denen, die sich seiner Zuneigung allzu sicher sind und die Vertretung ihrer Interessen vernachlässigen. Zusätzlich zu den notorischen Einschmeichlern gibt es überall Mitarbeiter, die sich schon allein aus Missgunst gegen ihren bisherigen Vorgesetzten willig der neuen Führungskraft anschließen. Die Gunst dieser Mitarbeiter zu gewinnen, bereitet keinerlei Schwierigkeit. Die neue Führungskraft sollte aber darauf achten, dass diese Mitarbeiter nicht zu viel und zu schnell Einfluss gewinnen. Dieser könnte sonst sehr bald gegen sie geltend gemacht werden.

Aus Sicht eines qualifizierten Mitarbeiters oder einer qualifizierten, aufstrebenden Nachwuchs-Führungskraft bedeutet das andererseits, dass es auf Sicht keinen Vorteil bringen mag, sein eigenes maßgebliches Gewicht in die Waagschale zu legen, um der neuen Führungskraft zu ihrer Position zu verhelfen oder diese zu festigen. Das eigene maßgebliche Gewicht beruht auf Tüchtigkeit oder auf starkem Durchsetzungsvermögen. Beides fördert das Misstrauen der neuen Führungskraft.

Aus taktischen Gründen kann es für eine Führungskraft zur Sicherung ihrer neuen Position ratsam sein, bewusst selbst objektiv fähige Mitarbeiter kaltzustellen oder sich von ihnen zu trennen. Nämlich dann, wenn diese als Vertraute der bisherigen Führungskraft dieser zu stark nachhängen und die Gefahr besteht, dass sie offen oder versteckt gegen den Neuen wirken. Die Mitarbeiter im Umfeld werden sich ruhig verhalten, solange man – vorerst – ihre alten Gewohnheiten nicht verändert.

Will man als Neuer die alten Gewohnheiten schnell verändern, z. B. weil die Änderung als sichere Notwendigkeit erkannt wurde, so sollten die bestehenden Organisationsstrukturen durchgreifend verändert werden. Das bringt für die Führungskraft den weiteren Vorteil, dass ihre Position für Mitarbeiter, die sich neu orientieren müssen, schwieriger angreifbar wird. Auch alte oder neue untergeordnete Führungskräfte werden dabei in neue Funktionen gesetzt, womit ihnen die Stärke der Gewohnheit genommen wird. Sie werden schnell begreifen, dass sie eine neue Stärke nur aufbauen können, wenn sie Garanten für eine willfährige Funktion ihres Zuständigkeitsbereichs werden. Nur dann erfahren sie das Wohlwollen der neuen Führungskraft, ohne das sie nicht bestehen können. Auf der anderen Seite ist die Führungskraft auf Leute angewiesen, die für eine willfährige Funktion sorgen. Sonst besteht die immanente Gefahr, dass alle Mitarbeiter opponieren, die von der alten Struktur Vorteile hatten.

Die Führungskraft darf sich vor Notwendigkeiten nicht scheuen. Eine notwendige personelle Bereinigung kann bedeuten: Veränderung der Arbeitsgebiete, Auswechseln von Personen. Über Notwendigkeiten dieser Art sollte sich die Führungskraft innerhalb der ersten drei Monate klar werden

– keinesfalls innerhalb der ersten drei Wochen. Aber dann müssen

alle Grausamkeiten so schnell wie möglich

begangen werden. Die Grausamkeiten zu Beginn sind schnell vergessen, spätere und anhaltende hängen lange nach. Dasselbe gilt für Wohltaten.

Persönliche Angriffe

Angriffe auf die Person der Führungskraft können von den unterschiedlichsten Seiten und aus den unterschiedlichsten Gründen erfolgen. Sie können von Mitarbeitern, Kollegen, Vorgesetzten und Geschäftspartnern gestartet werden, um der Führungskraft nur zu schaden – das wäre noch der unproblematischste Grund –, ihr Steine in den Weg zum Erfolg oder zur weiteren Karriere zu legen oder um eigene entgegengesetzte Vorhaben durchzusetzen. Je unfairer die Angriffe sind, desto unerfreulicher und unfruchtbarer wird die Situation, und es wird sehr fraglich, ob z. B. laufende Gespräche fortgeführt werden sollten. Es kann durchaus mehr Sinn machen, ein Gespräch oder eine Diskussion abzubrechen und zu einem anderen Zeitpunkt neu aufzunehmen, wenn sich die Wogen geglättet haben. Bietet sich ein Abbruch nicht an, muss die Führungskraft reagieren.

Eine Rechtfertigung wird immer als schwache Position empfunden. Deshalb auch hier: Angriff ist die beste Verteidigung und die beste Abwehrstrategie!

Wenn der Kontrahent sich auf Äußerungen oder Ausführungen anderer beruft, können diese ohne weiteres angezweifelt werden und dem Gegner kann Leichtgläubigkeit vorgeworfen werden. Oder es wird die Vorlage von beweiskräftigen Unterlagen gefordert. Können diese nicht vorgelegt werden – was wahrscheinlich ist –, kann schlechte Vorbereitung angeprangert werden. Eine komfortable Situation ergibt sich, wenn sich im Diskussionskreis Sympathisanten der Führungskraft befinden, die eine »neutrale« Verteidigungsposition übernehmen.

Das Lächerlichmachen der Angriffsposition kann, wenn möglich, eine hervorragende Gegenmaßnahme sein. Hierzu lässt man die Behauptung oder den Vorwurf des Gegners mehrfach wiederholen. »Ich habe Sie akustisch nicht verstanden.« »Jetzt verstehe ich Sie inhaltlich nicht.« »Ich glaube, unsere Zuhörer hinten im Saal wissen immer noch nicht, worum es geht. Könnten Sie Ihre Behauptung ein letztes Mal wiederholen?« Der Höhepunkt der Lächerlichkeit wird damit erzielt, wenn die Führungskraft die Ausführungen des Gegners noch einmal – bewusst falsch – wiedergibt, wodurch der Kontrahent ein weiteres Mal gezwungen wird, zur Berichtigung seine Behauptung zu wiederholen. Die Lacher werden auf der Seite der Führungskraft sein.

Wer es schafft, einen Kontrahenten mit Tiefenwissen bloßzustellen, befindet sich auf der Gewinnerseite!

Kann der Gegner nicht folgen und antworten, lässt sich leicht seine mangelnde Kompetenz feststellen.

Sollte man als Führungskraft verhöhnt werden, ist eine humorvoll spöttische Gegenreaktion angebracht. Man drückt Verständnis für die schwache Position des Gegners aus, dem offensichtlich keine Sachargumente zur Verfügung stehen.

4.2 Führungsverhalten gegenüber ...

- **Kollegen**
- **Sekretärin**
- Die Organisation von Veranstaltungen
- **Ehefrau / Partner**
- **Fahrer**

Kollegen

In vielen Situationen hilft es, zu gleichrangigen Kollegen ein gutes Verhältnis zu haben. Das weniger, um in ihnen in schwierigen Situationen oder beim weiteren Fortkommen eine große Stütze zu haben. Realistischer ist daran zu denken, dass sie einem vielleicht keine Steine in den Weg legen oder Problemsituationen dazu ausnutzen, sich auf Kosten des anderen Vorteile zu verschaffen. Sicher kann man sich allerdings nie sein und man sollte Intrigen zumindest gedanklich nicht ausschließen. So kann man sich Enttäuschungen zwar nicht ersparen, aber sie treffen einen zumindest nicht ganz unvorbereitet. Die tägliche Zusammenarbeit in unverfänglichen Situationen läuft jedenfalls mit einem guten Verhältnis besser und reibungsloser, als wenn bei offenen Aversionen jede Gelegenheit genutzt wird, sich gegenseitig zu schaden.

Eine zu starke freundschaftliche Annäherung ist allerdings nicht unproblematisch und keinesfalls ein Hinderungsgrund für unfaire Akte!

Deshalb sollte eine kollegial freundschaftliche Distanz eher angestrebt werden. Das Duzen mit Kollegen ist Geschmackssache. Die oft festzustellende Rückkehr zum Sie bei irgendwelchen Auseinandersetzungen wirkt einfach ungeschickt. Wer sich vielleicht bei Betriebsfeiern einem unerwünschten Duzangebot ausgesetzt sieht, sollte dieses freundlich ablehnen. Sag nicht Ja, wenn du Nein sagen willst! Dies fällt umso leichter, wenn man auf seine grundsätzliche Einstellung hierzu verweisen kann, weil man sich im Unternehmen mit niemandem duzt.

Am unverfänglichsten gestaltet sich ein Verhältnis zu Kollegen, zu denen dienstlich keine oder unwichtige Abhängigkeiten bestehen. Wenn es hier keine Aversionen auf rein persönlicher Ebene gibt, gestalten sich die Verhältnisse angenehm freundschaftlich. Ein Verhältnis zu einem Kollegen – wie es auch immer sein mag – muss grundsätzlich als Gegenwartsverhältnis gesehen werden und sollte auch so behandelt werden. Es gibt häufig äußerst gespannte Verhältnisse, die sich mit veränderten Umständen ins Gegenteil umwandeln, natürlich auch umgekehrt. Plötzlich ergeben sich neue Machtverhältnisse im Unternehmen und mit diesen eine neue gemeinsame Interessenlage. Frühere Feinde sind nun Verbündete. Niemand tut sich in einer solchen Situation einen Gefallen damit, bisherige unfreundliche oder auch gemeine Aktivitäten nachzutragen. In neuen Situationen müssen bisherige Ursachen für eine feindliche oder freundliche Gesinnung gedanklich schnellstens ad acta gelegt werden, wenn ein Nachtragen keinen Sinn mehr macht.

Sowohl im Gespräch mit Kollegen als auch im Gespräch mit Mitarbeitern oder Vorgesetzten achte man unbedingt darauf, sich nicht unbedarft über Abwesende zu äußern, auch wenn man mit negativen Wertungen und Nachrichten immer mehr freudige Aufmerksamkeit erreicht als mit positiven. Das schlägt früher oder später unangenehm zurück. Man weiß nie, wie solche Äußerungen weiterverwendet und an wen sie wie weitergegeben werden. Es ist ein beliebtes Spiel, diese Äußerung mit spaßigen Bemerkungen, natürlich unter Nennung des Urhebers, weiterzugeben, insbesondere wenn damit auch eine eigene Meinung kundgetan wird. Nur, der Empfänger findet das gar nicht so spaßig und sein Groll richtet sich gegen den Urheber, der wiederum oft gar nichts von der Informationsweitergabe erfährt und darüber rätselt, warum sich sein Verhältnis zum Empfänger abkühlt. Kollegen mögen keine unerbetenen Ratschläge.

Auch Ratschläge sind Schläge!

»Was bildet der sich ein? Glaubt er, die Situation besser einschätzen zu können als ich?« Der Ratgeber allein glaubt daran, dem anderen einen Gefallen zu tun. Dasselbe gilt für unerbetene Beurteilungen. Kollegen wollen nichts eingeredet und nichts ausgeredet bekommen. Am besten beobachtet man einmal seine eigenen Reaktionen in solchen Situationen. Zurückhaltung muss angesagt sein!

Sekretärin

Mit dieser Person arbeitet eine Führungskraft am engsten zusammen. Bei keinem anderen Zusammenarbeitsverhältnis muss deshalb mehr darauf geachtet werden, dass sowohl die Chemie als auch das sachliche Miteinander stimmen. Ansonsten kann sich die Führungskraft nicht hundertprozentig auf die Sekretärin verlassen. Ohne diese Voraussetzung gibt es keinen reibungslosen Arbeitsablauf. Die Sekretärin muss verschwiegen sein und sich in allen Situationen voll mit ihrem Chef identifizieren.

Eine Quasselstrippe an dieser Stelle ist unmöglich!

Wenn diese Voraussetzungen nicht gegeben sind, gibt es nur eine Lösung, und die heißt Lösung.

Schreibschwächen sind bei einer Sekretärin ein großer, eigentlich nicht akzeptabler Mangel, der aber bei den heutigen Schreibsystemen an Bedeutung verliert. Jedenfalls kommt der Manager in eine missliche Situation, wenn er jeden geschriebenen Brief nicht nur auf seinen Inhalt überprüfen muss, sondern auch noch auf Schreibfehler. Wenn er dieses Gebiet selbst nicht sicher beherrscht, wird das Chaos perfekt und das mit Außenwirkung.

Eine gute Sekretärin wird nie nur Schreibkraft sein, sondern in erster Linie Assistentin und als solche auch Managerin. Sie erlangt mit der Zeit Erfahrung in allen Arbeitsgebieten des Chefs und versteht die Vorgänge. Deswegen kann sie mitdenken und weiß in vielen Situationen auch ohne Anweisung zu handeln. Als Managerin denkt sie die Vorgänge bis zum Ende durch und lässt z. B. bei einer Organisation einer Geschäftsreise den Chef nicht an irgendeinem Flughafen stehen, ohne eine notwendige Bahnverbindung mit Tickets und Angabe von Abfahrts- und Ankunftszeiten mitgegeben zu haben.

Der Einsatz der Sekretärin für private Angelegenheiten wird häufig praktiziert. Eigentlich ist er jedoch nur für Unternehmenseigentümer angemessen, steuerliche Aspekte einmal außer Acht gelassen. Ein »Herrschergebaren« steht dem angestellten Manager nicht gut an, aber auch nicht der Sekretärin. Leider führt die Identifikation mit dem Chef oft so weit, dass Sekretärinnen meinen, auch dessen Vorgesetztenautorität demonstrieren zu können. Lässt der Chef ihnen hierbei freien Lauf, läuft ohne ihr Wohlwollen nichts mehr und

manche beanspruchen mehr Autorität als der Chef selbst.

Findet die Sekretärin einen Mitarbeiter unsympathisch, hat er kaum eine Chance, in angemessener Zeit bis zum Chef vorzudringen. Das führt zu unnötigen Frustrationen bei guten Mitarbeitern. Die Spitzensekretärin hat einen ausgewogenen Charme, der sie bei allen Mitarbeitern beliebt macht. Macht sich auch der Mitarbeiter bei der Sekretärin beliebt, wird ihm das keinesfalls schaden!

Auch für die Sekretärin gilt eine Anzugsordnung, die heißt: nicht zu leger, also nicht in Jeans und nicht schreiend, nicht in zu kurzen Röcken und nicht mit zu tiefem Ausschnitt. Wenn schon Sekretärinnen mit in diesem Sinne unangebrachter Kleidung auftreten, dann sind es leider in der Regel die, deren Figur es am wenigsten zulässt. Ein schönes Parfum findet Anklang, wenn es nicht aufdringlich oder billig riecht.

Die Idealsekretärin findet man nur selten. Es sind, wie meistens im Leben, Kompromisse zu machen. Jeder muss für sich selbst entscheiden, an welcher Stelle ein Kompromiss am wenigsten stört.

Natürlich gibt es auch Fehlverhalten von Chefs im Verhältnis zur Sekretärin. Eine missliche Angewohnheit von Chefs bringt jede Sekretärin berechtigt auf die Palme, dann, wenn der Chef sein Büro verlässt ohne Information über sein Ziel. Genau dann kommen wichtige Anrufe, die die sofortige Anwesenheit verlangen, aber die Sekretärin weiß nicht, wo der Chef sich befindet. Sie muss ihm im ganzen Haus hinterhertelefonieren. Das findet sie blamabel und unangenehm und wäre so einfach vermeidbar.

Die Organisation von Veranstaltungen

Bei der Organisation von wichtigen Veranstaltungen oder Sitzungen sind sowohl Chef als auch Sekretärin gefragt.

Obwohl die geübte und erfahrene Sekretärin eine Veranstaltung perfekt organisiert, macht es sehr viel Sinn,

den kompletten Ablauf gemeinsam von vorne bis hinten gedanklich durchzuspielen und jedes Detail schriftlich festzuhalten!

Das beginnt mit der schriftlichen Einladung der Gäste inklusive Tagesordnung, Teilnehmerliste, Anfahrtsbeschreibung, Hinweis auf Parkplätze und geht über eine Information des Portiers, Organisation der Garderobe, Sitzordnung, Information über Lage der Toiletten, welche Unterlagen und Beköstigungen im Tagungsraum bereit sein sollen bis zur Organisation von Unterkünften und der Abreise.

Spielt man den Ablauf nicht gemeinsam durch, gibt es immer wieder überflüssige Enttäuschungen und Missverständnisse, für die keiner die Schuld trägt, bis auf den Vorwurf der mangelhaften Abstimmung. Meistens sind es Kleinigkeiten, die den Chef aber aufregen. Da sitzt z. B. jemand an der falschen Stelle oder es steht kein Gebäck zum Kaffee bereit, obwohl der Chef das so wollte. Die beste Sekretärin kann nicht hellsehen und auch wenn sie schon Jahre mit dem Chef harmonisch zusammenarbeitet, gibt das keine Gewähr dafür, dass sie immer alle seine Gedanken und Wünsche erraten kann. Auch ein Blick in das organisierte Sitzungszimmer kurz vor Beginn der Veranstaltung kann ungeheuer hilfreich sein, um noch Kleinigkeiten zu bereinigen, die zu großen Ärgernissen werden können.

Ehefrau / Partner

Anders als bei einem Mitarbeiter kann sich die Ehefrau eines Managers dienstlichen Verpflichtungen ihres Mannes nicht entziehen.

Je häufiger dienstliche Auftritte der Ehefrau vom Unternehmen erwartet werden, je intensiver sollte die Ehefrau in ein Auswahlverfahren für Manager einbezogen werden!

Schlimme Situationen entstehen, wenn sich Manager und Unternehmen für eine Ehefrau, aus welchen Gründen auch immer, schämen müssen. Andererseits kann eine charmante, geachtete und beliebte Ehefrau sowohl für ihren Mann als auch für das Unternehmen ungeheuer wertvoll sein und einen großen Anteil an persönlichem und am Geschäftserfolg haben. Wenn dem so ist, muss die verantwortliche vorgesetzte Führungskraft der angebrachten Wertschätzung unbedingt Ausdruck verleihen und auch die Ehefrau motivieren, zumindest mit kleinen Aufmerksamkeiten.
Die Führungskraft muss überlegen, inwieweit sie die Ehefrau in die Geschehnisse im Unternehmen mit einbezieht. Es gibt eloquente Manager, die zu Hause kein Wort über betriebliche Belange und Probleme verlieren, und es gibt andere, die auch alle Nichtigkeiten erzählen. Hier und da ein Rat einer doch etwas außen stehenden Ehefrau, die einen neutralen Abstand zu betrieblichen Problemen hat, macht durchaus Sinn. Andererseits können sich aber auch Schwierigkeiten in zweierlei Richtung ergeben. Zum einen können fast schon fordernde Hinweise kommen: »Das musst du doch so oder so handhaben« oder »Das darfst du dir doch nicht gefallen lassen«, was den Stress einer Führungskraft noch vergrößern kann. Oder die Ehefrau identifiziert sich

mit den betrieblichen Angelegenheiten ihres Mannes so sehr, dass sie bei betrieblichen Anlässen so redet, als hätte sie selbst Entscheidungsbefugnisse, und

wenn sie mit einem Gehabe auftritt, als sei sie der Chef persönlich, kann das sehr peinlich werden!

Hier das richtige Maß zu finden, hängt im Wesentlichen vom Charakter der Ehefrau ab und gestaltet sich für die Führungskraft als eine Gratwanderung.

Keine befriedigende Lösung kann es in den Fällen geben, in denen die Ehefrau von ihrem Mann erwartet, möglichst eine Führungsposition mit entsprechendem Einkommen einzunehmen, aber zusätzlich davon ausgeht, dass er viel Zeit aufbringt, um sich ihr und der Familie zu widmen. Jeder Manager begreift klar, dass das sich selbst widerspricht. Der Manager kann machen was er will, es kann nicht recht sein. Es gibt keine Ehe, die eine solche Einstellung auf Dauer aushält.

Der Manager, der erstmals oder neu eine Partnerschaft eingeht, tut gut daran, sich einen verständnisvollen Partner zu suchen. Der junge Mitarbeiter, der mit seinem Partner zusammenlebt und in eine Führungsposition hineinwächst, hat Glück, wenn er einen verständnisvollen Partner hat oder er sollte sich frühzeitig um eine vernünftige Einstellung seines Partners kümmern. Eines ist klar,

der Strebsame wird mit einem Kompromiss, der ihn zur Aufgabe seiner Karriere zwingt, nicht glücklich werden.

Fahrer

So wie die Sekretärin die Verantwortung für die organisatorische Betreuung des Managers trägt, so hat der Fahrer die Verantwortung für die Sicherheit auf der Reise.

Die wesentlichen Voraussetzungen für einen Fahrer sind:

- **sicheres Fahrkönnen in allen Verkehrs- und Wettersituationen**
- **gute Reaktionsfähigkeit**
- **gute Kenntnisse der Verkehrsverbindungen (trotz Navigationssystem)**
- **körperliche Fitness**
- **Pünktlichkeit und Zuverlässigkeit**
- **höfliche Umgangsformen**
- **sicheres Auftreten**
- **gute Körperhygiene und angemessene Kleidung**

Bei einem ersten Zusammentreffen mit dem Fahrer und dem Chef sollte klargestellt werden, welche Eigenschaften der Chef vom Fahrer erwartet. Wo befindet sich der Sitzplatz des Chefs? In der Regel hinten rechts, wenn ihm hinten nicht schlecht wird. Welche Geschwindigkeiten sollen in welchen Situationen gefahren werden, soll der Fahrer sich grundsätzlich an Geschwindigkeitsbegrenzungen halten, soll er forsch fahren oder lieber verhalten? Nur, wenn der Fahrer aus Zeitgründen zu Geschwindigkeitsüberschreitungen aufgefordert wird, müssen vom Chef oder der Firma eventuelle Bußgelder übernommen werden. Da nicht alle möglichen Situationen vorab besprochen werden können, müssen die ersten gemeinsamen Fahrten dazu genutzt werden, entsprechend der sich ergebenden Situationen grundsätzliche Wünsche festzulegen. Es ist wichtig, das gleich zu Anfang durchzuführen, ehe sich unliebsame Gewohnheiten verfestigen, die beim Chef Unmut aufstauen.

»Wehret den Anfängen!«

Fahrkönnen und Reaktionsfähigkeit können erlernt werden, sind aber auch regelmäßig zu trainieren. An entsprechenden Fahr- und Sicherheitskursen sollte nicht gespart werden. Auf körperliche Fitness muss der Chef drängen und darauf bestehen. Es gibt kaum unbefriedigendere Situationen bei einer Fahrt als die Feststellung, dass der Fahrer müde wird und er damit zu kämpfen hat, dass ihm die Augen zufallen. Allerdings sind ihm ausreichende Fahrpausen zu gönnen. Nicht dienstliches Telefonieren während der Fahrt muss verboten werden. Unbegreiflich, aber dennoch hin und wieder zu sehen ist Alkoholgenuss, auch wenn noch eine Fahrt ansteht. Das darf auf keinen Fall akzeptiert werden.

Sekretärin oder Chef geben dem Fahrer vor Antritt der Fahrt ausreichende Informationen über das Fahrtziel und die gewünschte Ankunftszeit. Der Fahrer hat sich eingehend vorzubereiten. Das Navigationssystem wird vor Fahrtantritt eingestellt, so dass der Fahrer nicht während der Fahrt an den Einstellungsknöpfen herumdrehen muss. Ohne Navigationssystem hat der Fahrer sich alle notwendigen Straßenkarten besorgt und diese so eingehend studiert, dass er sie bei der Fahrt kaum noch anzusehen braucht. Grundsätzlich steht der Fahrer mindestens zehn Minuten vor der geplanten Abfahrtszeit mit einem topsauberen Wagen bereit, auch wenn ein viel beschäftigter Chef meistens eine Viertelstunde später erscheint. Der Wagen soll komplett innen und außen gereinigt sein und nicht – was schon vorkam – nur die innere und äußere Hälfte, in die der Chef einsteigt. Selbst wenn die Zeit eng wird, muss der

Fahrer Ruhe bewahren und sich auf nichts anderes konzentrieren als zügig zu fahren. Ein Nervenbündel eignet sich nicht zum Fahrer. Er hat vor allen Dingen alles zu unterlassen, was dem Chef irgendein Unsicherheitsgefühl vermitteln könnte.

Der Chef muss sich so sicher fühlen können, dass er sich ohne Probleme zu einem Kurzschlaf zurücklehnen kann!

Ergeben sich Verspätungen, hat der Fahrer Telefonnummern griffbereit, unter denen die Verspätung angemeldet wird. Braucht er eine Fahrpause, meldet er sein Bedürfnis rechtzeitig an, bevor ihn Müdigkeit übermannt. Der Innenraum im Fahrerbereich bleibt sauber. Hier fliegen keine Zeitungen und rollen keine Getränkeflaschen herum, genauso wenig wie Butterbrotpapier oder Obstschalen. Stinkende Currywürste oder Pommes Frites gehören nie in den Innenraum. Wenn schon, werden sie draußen verspeist. Dass im Auto nicht geraucht wird, bedarf wohl keiner Erwähnung. Überhaupt sind aufdringliche Gerüche zu vermeiden. Dazu gehört auch der den Wagen durchdringende Deo- oder Rasierwassergeruch, den die Freundin des Fahrers vielleicht ganz toll findet.

Der gute Fahrer ist zuvorkommend. Er öffnet dem Chef beim Ein- und Aussteigen die Wagentür und hilft ihm gegebenenfalls aus oder in das Jackett oder den Mantel und kümmert sich um die Verstauung des Gepäcks und des Aktenkoffers. Genauso behandelt er weitere Fahrgäste, wobei er sich natürlich nicht doppelt schlagen kann. Die Dame und der Gast werden vor dem männlichen Chef bedient. Ein geschickter Fahrer schafft es fast immer, bis zum Eingang des Zielgebäudes vorzufahren und dort rechtzeitig vor Abfahrt wieder zu stehen. Bei Regen hält er einen Schirm bereit, den er in erster Linie über den Chef hält und nicht über sich selbst. Ist das Ziel ein Hotel, in dem der Chef zuerst zu einer Besprechung oder Tagung absteigt, checkt der Fahrer für den Chef ein und besorgt das Gepäck auf das Zimmer. Wenn es nicht stört, bringt er ihm den Zimmerschlüssel. Während des Aufenthalts kann der Fahrer ununterbrochen auf seinem Handy erreicht werden. Er tankt den Wagen voll und lässt ihn notwendigenfalls reinigen. Die Reinigung des Innenraums nimmt er selbst vor.

Steigt der Chef in teuren Hotels ab, gibt es in der Regel dort preisgünstigere Fahrerzimmer. Die Sekretärin klärt schon bei der Buchung, zu welchem Namen welches Zimmer gehört.

Es kam schon vor, dass der Chef im Fahrerzimmer übernachtet hat und der Fahrer im Luxuszimmer!

Sollte es keine Fahrerzimmer geben, übernachtet der Fahrer in einem nahe gelegenen preiswerteren Hotel.

Sollte das Fahrzeug einmal in einen Unfall verwickelt werden, muss der Fahrer wissen, wie er sich zu verhalten hat, um Formalitäten abzuwickeln. Unter Umständen wird der Chef mit einem Taxi weiterfahren müssen. Für schwere Unfälle können keine Verhaltensmaßregeln festgelegt werden.

Ein vordringliches Gebot heißt für den Fahrer Diskretion. Es bleibt nicht aus, dass er Mitwisser von vertraulichen dienstlichen und privaten Vorgängen wird. Hier muss sich der Chef hundertprozentig auf den Fahrer verlassen können. Andererseits sollte der Fahrer genauso wenig wie die Sekretärin für die Erledigung von privaten Angelegenheiten missbraucht werden. Damit sind nicht kleinere Erledigungen während der Leerzeiten gemeint, sondern berufsfremde Tätigkeiten, wie z. B. Holzhacken im Garten des Chefs, Umzugshilfen, Privatfahrten am Wochenende, Besorgungen für die Ehefrau usw.

Wenn der Chef mit den Leistungen des Fahrers zufrieden ist, entsteht auf Grund des häufigen engen Zusammenseins oft ein vertrauensvolles Verhältnis, in dem auch gegenseitig viele private und dienstliche Meinungen und Sorgen ausgetauscht werden und über Erlebnisse und Eindrücke berichtet wird. Obwohl positiv, fällt es dann manchmal schwer, wenn angebracht, die notwendige Distanz zu wahren. Hat der Fahrer nicht eine natürliche Sensibilität in solchen Angelegenheiten, sollte der Chef vorsichtige Zurückhaltung pflegen.

Unternehmensindividuelle Regelungen bestimmen, wer im Unternehmen Anspruch auf einen persönlichen Fahrer hat oder den Fahrdienst in Anspruch nehmen kann. Wenn persönliche Eitelkeiten keine Rolle spielen, hat zumindest jedes Geschäftsleitungsmitglied Zugriff.

Vernünftig sind Regelungen, die es auch anderen Mitarbeitern ermöglichen, sich bei anstrengenden Reisen einen freien Fahrer zu nehmen!

Mehrere Fahrer bilden einen Fahrerpool, der jedem Berechtigten zur Verfügung steht.

Als Problem ergibt sich die Beschäftigung des Fahrers in fahrtfreien Zeiten. Außer zur Wagenpflege werden Fahrer häufig in der Poststelle oder im Archiv eingesetzt, natürlich nicht unbedingt zu deren Freude. Es macht kaum Sinn, den Fahrer mit solchen Aufgaben zu beschäftigen, wenn andere Geschäftsleitungsmitglieder ihn benötigen, aber nicht auf ihn zugreifen dürfen.

Wenn ein Fahrer nicht häufig genug benötigt wird, empfiehlt sich ein Abkommen mit einem Mietfahrer. Insbesondere wenn das Verleihunternehmen gewährleistet, dass in der Regel ein bestimmter Fahrer zur Verfügung steht, gibt es kaum einen Nachteil gegenüber einem angestellten Fahrer. Der Zugriff nur bei Bedarf gestaltet sich unter dem Strich wesentlich kostengünstiger.

4.3 Organisationsthemen

- **Lean Management**
- **Führungsspanne**
- **Allroundsachbearbeitung**
- **Das Raster-Organigramm**
- **Das 3-Punkte-Erfolgssystem**
- **Innovationen**
- **Profitcenter und Costcenter**
- **Produktivitätssteigerung**
- **Die Tochtergesellschaft**

Lean Management

Lean Management oder flache Hierarchien erscheinen heutzutage vielen Managern als Zauberworte, hinter denen sich ein modernes Muss verbirgt. Ist das so? Eine pyramidale Führungsstruktur erscheint zuerst einmal logisch und wird seit Urzeiten praktiziert. Muss sie deshalb schon schlecht sein? Nein, bestimmt nicht. Sie ist nur dann schlecht, wenn es in einem Unternehmen übertrieben viele Hierarchiestufen und zu geringe Berichtsspannen gibt. Dann wird eine Überlegung in Richtung einer flacheren Struktur angebracht sein.

Wie bei vielen vermeintlich weltbewegenden neuen Organisations- und Führungstheorien geht es auch den Urhebern und vielen Befürwortern des Systems der flachen Hierarchien in erster Linie darum, sich mit neuen Theorien ins Rampenlicht zu setzen, sich einen Namen zu machen und die »Ewigkonservativen« alt aussehen zu lassen.

Aber was sind denn sachliche Argumente, die von den Befürwortern angebracht werden?

- Eine Entscheidung soll dort getroffen werden, wo die Arbeit getan wird
- Das gibt den Mitarbeitern mehr Verantwortungsgefühl
- Es ergibt sich ein Teamwork, das sich auf gemeinsame Verantwortung stützt
- Die Führungsverantwortung wird geteilt, die Führungsrollen wechseln
- Die Mitarbeiter sollen Spezialisten und Generalisten zugleich sein
- Durch zwangsweise Konsensbildung sollen exzellente Leistungen erbracht werden

Die Rolle der Führungskraft wird weit zurückgedrängt, zu Gunsten des Teamgedankens!

Bewusst oder unbewusst missachtet man dabei die Tatsache, dass eine fähige Führungskraft deshalb Führungskraft geworden ist, weil sie qualifiziertere Entscheidungen treffen kann als die Mitarbeiter.

Durch eine Vielzahl von Unqualifikationen ergibt sich noch lange keine Qualifikation!

Eine Konsensbildung führt nie zu Spitzenleistungen, sie führt eher zu faulen Kompromissen. Das wirklich exzellente Ergebnis kann sich bei Teamverantwortung und Teamentscheidung nicht durchsetzen. Viele Argumente für ein Lean Management sind widersprüchlich und teilweise absurd. Zusätzlich zu nur mäßigen Ergebnissen kann ein Lean Management aus diversen Gründen auf Dauer nicht funktionieren, weil es grundsätzlichen Gesetzmäßigkeiten widerspricht.

In jedem Team gibt es Starke und Schwache. Natürlich werden sich auf Dauer die Starken durchsetzen und das Team dominieren. Diese Dominanzbildung wird sich auch nicht nur bei einem Projekt ergeben, sondern häufiger. Wie wird der Starke darauf reagieren? Er wird sich bestimmt die Frage stellen, ob denn eine Gleichbehandlung mit den (schwächeren) Teamkollegen für ihn angemessen ist. Die Gleichmacherei bezüglich seiner Bezüge und seiner Position werden ihn kaum motivieren. Wenn er sich wirklich stark fühlt, wird es nicht allzu lange dauern, bis er Forderungen nach einer seinen Fähigkeiten angemessenen Hervorhebung stellt. Eine Hervorhebung und Bevorzugung widerspricht aber grundsätzlich dem System des Lean Managements. Was nun kommt, ist eine Phase der Kompromisse. Am Unauffälligsten kann das Gehalt der Starken angehoben werden, obwohl das erfahrungsgemäß auf Dauer von den Kollegen nicht unbemerkt bleibt. Die finanzielle Bevorzugung mag eine gewisse Zeit zufrieden stellend sein, aber nicht lange. Der Mensch ist eitel und strebt nach offener Anerkennung, der führungsfähige und -willige strebt nach einer Führungsposition. Kann das Unternehmen ihm diese nicht bieten, wird er schnell ein Unternehmen suchen und finden, dass ihm sein Verlangen erfüllt. Wer glaubt, dass Karriere bei guten Mitarbeitern nicht gefragt sei, begeht einen folgenschweren Irrtum.

Darüber hinaus ergibt sich noch eine ganz andere Frage: Wie wird die Verfügbarkeit im Middle-Management zur Besetzung von Top-Positionen gewährleistet? Wie werden Nachwuchskräfte auf höhere Aufgaben vorbereitet und wie kann überprüft werden, ob sie höheren Aufgaben gewachsen sind? Mitarbeiter, die noch keine praktische Führungserfahrung erwerben konnten werden auch mit theoretischen Schulungen kaum in der Lage sein, große Unternehmensbereiche zu führen.

Dem System des Lean Managements ist eine Antiselektion guter Führungskräfte immanent.

Gleichbehandlung wollen immer nur die Schwächeren!

Die Schwachen sind zufrieden, die Starken sind unzufrieden und gehen. Viel Glück demjenigen, der seine Organisation nach den Belangen der Schwächeren ausrichtet.

Führungsspanne

Die Einführung und Beibehaltung einer vernünftigen Führungsspanne muss wohl überlegt sein. Unsachgemäße Lösungen führen zu Abwegen, wie z. B. zum Lean Management, bei dem der eine Fehler mit einem weiteren behoben werden soll. Grundsätzlich kann man eine vernünftige Führungsspanne nicht auf eine genau festliegende Anzahl Mitarbeiter konzentrieren. Es kommt auch auf die Umstände an.

Als Orientierung kann aber davon ausgegangen werden, dass eine Führungsspanne von zehn Mitarbeitern günstig ist.

Die Umstände können aber auch Führungsspannen von fünf bis fünfzehn Mitarbeitern erlauben. Die kleinste Führungsspanne sind zwei Mitarbeiter, wenn es sich zusammen mit einer Führungskraft um eine Spezialgruppe handelt, deren Zuordnung zu einem anderen Bereich zu willkürlich wäre. In der Regel wird der Leiter einer solchen Spezialgruppe aber an einen deutlich Ranghöheren berichten und im Berichtsweg eine oder mehrere Hierarchiestufen überspringen.

Bei einem Kleinunternehmen mit zehn Mitarbeitern wird die Berichtsspanne nicht zu einem Problem. Es genügt eine Führungsposition, die normalerweise der Unternehmer selbst wahrnimmt, oder es gibt zwei Gruppen mit zwei Führungskräften, die an den Unternehmer berichten. Je größer das Unternehmen wird und je mehr Mitarbeiter beschäftigt werden, umso problematischer wird eine hierarchische Einteilung. Die Anzahl der Hierarchiestufen wächst bis hin zur Unübersichtlichkeit. Was ist zu tun? Eine Lösung wird in der Hinwendung zu einer flacheren Hierarchie gesehen, hin zum Lean Management mit allen seinen Nachteilen. Andere Lösungsansätze finden sich mit der Überlegung, ob denn das Unternehmen in seiner Gesamtheit nicht eine Größe erreicht hat, die die Möglichkeit einer straffen Führung fraglich macht. Höchstwahrscheinlich geht die Idee der Abflachung der Hierarchieebenen einher mit dem erkannten oder unerkannten Zwang, über neue Strukturen des gesamten Unternehmens nachdenken zu müssen.

Alle Großunternehmen haben das Problem, dass sie für viele wesentliche Funktionen zentrale Stellen eingerichtet haben und damit auch Entscheidungsbefugnisse dorthin verlagern, wo nicht die Verantwortung für die Ergebnisse der Entscheidung getragen wird. An anderer Stelle wurde schon ausgeführt, dass eine solche Organisation unter einer reinen Kostenbetrachtung sinnvoll sein kann, aber das Unternehmensergebnis oft äußerst negativ beeinflusst. Alle Welt ist eben eher geneigt, ihr Hauptaugenmerk auf die Kostensätze zu legen als auf die möglicherweise deutlich besseren Ergebnisse, die höhere Kosten vielleicht leicht überkompensieren. Wächst ein Unternehmen in eine Größenordnung, bei der eine Struktur mit normalen Berichtsspannen anfängt unübersichtlich zu werden, würde sich viel öfter der Mut auszahlen, eine neue Unternehmensstruktur zu formen, bei der große Unternehmenseinheiten ausgegliedert und verselbstständigt werden. Unter dem Strich ergibt sich für die gesamte Unternehmensstruktur durch Redundanzen zwar mehr Administration, für die einzelnen Unternehmenseinheiten aber wesentlich weniger. Es gibt weitere, gar nicht zu hoch einzuschätzende Vorteile: Das Problem der unübersichtlichen Führungsstruktur wird gelöst und es werden Profitcenter geschaffen, die mit kürzeren Berichtswegen beweglicher sind und damit auch unvorhergesehene Gelegenheiten unverzüglich schlagkräftig nutzen können, vor anderen unbeweglicheren.

Die Entscheidungen werden wieder näher an die Verantwortung gerückt!

So können aus einem Ackergaul gleich mehrere Lipizzaner gemacht werden. Die positive Wirkung auf die Ergebnisse wird nicht ausbleiben.

Allroundsachbearbeitung

Überflüssige Gedanken über eine Allroundsachbearbeitung finden in vielen Unternehmen statt, denen es lange Zeit nicht gelang produktive Neuerungen einzuführen. Lieber irgendeine Neuerung als keine um dann für langweilig und ideenlos gehalten zu werden. Dabei muss eine Allroundsachbearbeitung oder der Einsatz von Generalisten ja nicht durchweg schlecht sein. Negative Auswirkungen gibt es nur dann, wenn der Einsatz dort erfolgt, wo er nicht angebracht ist.

Wie bei vielen neuen und modernen Schlagworten, Organisationsformen und Managementmethoden hecheln Führungskräfte einer schnellen Einführung hinterher, nur um nicht als altbacken zu gelten.

Es zeigt sich als klares Zeichen der Unsicherheit, wenn Führungskräfte nicht in der Lage sind, sowohl Altes als auch Neues kritisch zu überdenken,

um dann führungssicher zu entscheiden, ob eine Änderung sinnvoll ist. »Manchmal muss man nur den Mut haben, am richtig Erkannten so lange festzuhalten, bis man wieder modern ist.« (Roman Herzog, Altbundespräsident)

Eine selbstsichere und fähige Führungskraft besteht in jeder Diskussion, wenn sie sich eine fundierte Meinung über ein Thema gebildet hat!

Es kann immer wieder mit Erstaunen festgestellt werden, wie viele Befürworter einer vermeintlich tollen Neuerung in ihrer Meinung umschwenken, wenn sie in einer Diskussion auf einen Gegner treffen, der mit guten Argumenten dagegenhält. Die starke Führungskraft hat nachgedacht und sich eine fundierte, vernünftige Meinung gebildet und versetzt sich deshalb in die Lage, diese auch überzeugend zu vertreten. Der Schwache lässt sich von opportunen Schlagworten einlullen, hat mangels Überlegung keine feste Meinung, die er überzeugend vertreten könnte und fällt deshalb in einer tiefgründigen Diskussion schnell um.

Für alle Branchen kann grundsätzlich gelten:

Je größer die Nähe eines Mitarbeiters zum Kunden, desto mehr braucht er ein Allroundwissen. Je weiter die Entfernung zum Kunden, desto mehr braucht er Spezialwissen!

Ein Autoverkäufer muss alle technischen Grunddaten und alle Funktionen eines Fahrzeuges kennen, wenn er einen Kunden zu dessen Zufriedenheit bedienen will. Der Karosseriedesigner muss die Vorzüge eines Allradantriebs gegenüber einem Hinterradantrieb nicht unbedingt kennen, um ein elegantes Aussehen zu stylen. Der Generalist benötigt ein breites Allgemeinwissen, um dem Kunden bei möglichst allen seinen Allgemeinfragen Antwort geben zu können. Der

Spezialist braucht tiefste Kenntnisse in seinem Spezialgebiet, um Spitzenleistungen zu erzeugen.

Was will eine Allroundbearbeitung? Sie will den Spezialisten zum Generalisten machen. Grundsätzlich macht das keinen Sinn!

Der auf seinem Gebiet hoch qualifizierte Spezialist gibt sein tiefes Spezialwissen zu Gunsten eines oberflächlichen Generalwissens auf und erbringt nur noch mäßige Durchschnittsleistungen.

Der einzige Vorteil besteht darin, dass er breiter einsetzbar wird. Das hat Kostenvorteile, weil die Arbeit leichter verteilt werden kann und es die Vertretungsregelungen erleichtert. Aber auch hier hat wieder die Kostenbetrachtung Priorität vor exzellenten Ergebnissen und Konkurrenzvorteilen. Diese Betrachtung wird von Führungskräften mit Kurzsicht bevorzugt.

Kosteneinsparungen durch die Wahrnehmung aller sich bietenden Rationalisierungsmöglichkeiten bringen jedem Unternehmen Gewinn. Bei Umstrukturierungen, Neuorganisationen und Veränderung von Arbeitsabläufen, die nur auf eine Kosteneinsparung ausgelegt sind, ohne umfassende Betrachtung der Auswirkungen auf das gesamte Unternehmensergebnis, leidet die Qualität der Leistungen und der Produkte meistens unverhältnismäßig. Zu viele Maßnahmen zur Kostenreduzierung beeinträchtigen die Exzellenz der Leistung und führen das Unternehmen nur noch zu Durchschnittsergebnissen, die in einem harten Wettbewerb nicht mehr ausreichen. Zu wenige Manager haben heute den Mut zu Investitionen, die hervorragende Kräfte stärker fördern, die Entscheidungsbefugnisse wieder zu den Verantwortlichen zurückführen und Spitzenleistungen als Ziel vor unproduktive Kosteneinsparungen setzen!

Das Raster-Organigramm

Die traditionelle und vernünftige Organisationsform ist die pyramidale Struktur mit einer vertikalen Verantwortungsverteilung!

Dabei hat jede Führungskraft einen fest umrissenen Verantwortungsbereich, der in der Regel einem speziellen Sach- oder Fachgebiet entspricht.

Diese durchgehende Organisationsform muss dort durchbrochen werden, wo bereichsübergreifende Projekte oder Aufgaben durch Mitarbeiter unterschiedlicher Bereiche zu erledigen sind. Hierfür wird ein Mitarbeiter eines Bereichs verantwortlich gemacht, der die Kollegen horizontal und nur auf das Projekt bezogen führt. Dabei hat er natürlich keine disziplinarische Verantwortung.

Die horizontale Verantwortungszuweisung empfiehlt sich nicht nur für kurzfristig zu bewältigende Projekte, sondern besonders für die Leitung von Kommissionen, die permanente bereichsüberschreitende Aufgaben erfüllen sollen.

Dazu zählen z. B.:

• Qualität
Bereichsübergreifende Überwachung der Qualität der Geschäftsfelder in Bezug auf Rentabilität

• Rationalisierung
Permanente Überprüfung der Arbeitsabläufe und der Schnittstellen der Bereiche untereinander

• Kostendämpfung
Finden von Einsparungsmöglichkeiten, unabhängige Kosten-Nutzen-Betrachtungen

• Service
Definition von Service, Servicevorschläge, Überprüfung

Über Service wird viel geredet und man gewinnt den Eindruck, dass jeder weiß, wovon er spricht. Bei tieferem Nachfragen erkennt man schnell, dass hierzu oft nur oberflächliche Vorstellungen existieren. Was ist denn Service? Die Definition in Lexika hilft für geschäftliche Belange nicht weiter: Dienstleistung, Kundendienst, Bedienung, Kundenbetreuung. Für geschäftliche Belange muss der Begriff Service untrennbar mit »gutem« Service verbunden werden und dabei geht es um

- Erreichbarkeit
- Freundlichkeit
- Schnelligkeit

Gibt das Fernsehgerät während der Fußballweltmeisterschaft seinen Geist auf, bedeutet guter Service der Reparaturwerkstatt, dass die telefonische Erreichbarkeit auch noch spätabends gewährleistet wird. Der Anrufer wird freundlich begrüßt, der Werkstattinhaber kommt innerhalb von fünfzehn Minuten mit einem Ersatzgerät und die Reparatur wird prompt erledigt. Damit erbringt er schon eine stolze Leistung, insbesondere, wenn der Werkstattinhaber selbst als Fußballfan gilt. Wird darüber hinaus auch noch eine übergesetzliche

Garantie für die Reparatur gegeben, also noch ein Zusatznutzen vermittelt, wird der gute Service perfektioniert.

Die Rasterorganisation gestaltet sich somit wie folgt:

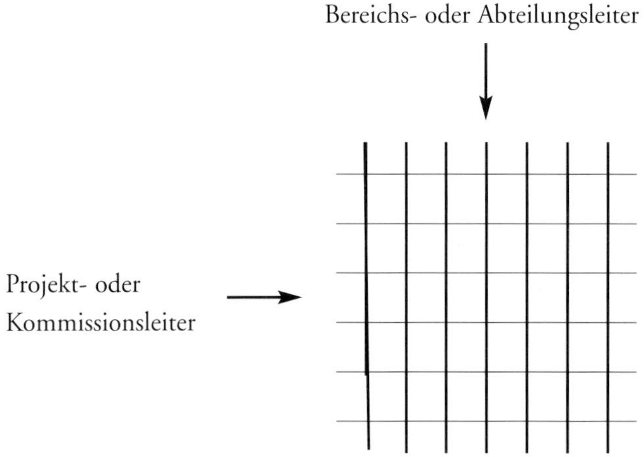

Die Rasterorganisation bietet in genialer Weise die Chance, die wichtigsten Aufgaben den besten Leuten zuzuordnen!

Das 3-Punkte-Erfolgssystem

Allen Erzeugnisse oder Leistungen produzierenden Unternehmen ist es eigen, dass sie sich im Lauf der Existenzjahre mit ihrer Produktpalette verzetteln. Aus anfangs wenigen mit Erfolg in den Markt gebrachten Produkten wurde ein ganzer Bauchladen, dem häufig unbemerkt die Produktrentabilität geopfert wurde. Zu einem speziellen Produkt mussten Alternativen daher, weil die Verkaufsorganisation nur dann noch gute Umsatzmöglichkeiten sah und neue Produkte wurden gefordert, weil der Markt danach verlangt. Leider stieg der Umsatz nur selten, wenn das Management die Forderungen erfüllte. Aber die Kosten stiegen und die Rentabilität litt. Was steckt hinter den Forderungen der Verkaufsorganisationen? Der unverfänglichste Grund kann noch der ehrliche Glaube der Verkäufer an die eigene Markteinschätzung sein. Nur, wenn man hundert Verkäufer nach ihrer Markteinschätzung fragt, erhält man sechzig verschiedene Antworten. Und nicht die am überzeugendsten vertretene ist unbedingt die richtige. Die häufigsten Argumente sind allerdings Scheinargumente, die alle Verkäufer nach kürzester Zeit im Job beherrschen. Man braucht Produktalternativen und neue Produkte, um überhaupt noch verkaufen zu können. Die Verkäufer können ohne diese im Markt nicht mehr bestehen, weil die Konkurrenz natürlich diese Produkte schon lange hat. Kommen die Produktmanager den Forderungen nicht nach, liegen die Gründe für Verkaufsschwächen und Verkaufszielverfehlungen auf der Hand.

In vielen Branchen und Gesellschaften ufert eine solche eingeschlagene Richtung aus. Als bestes Beispiel kann die Versicherungsbranche herangezogen werden, in der seit Jahren das große Schlagwort »Finanzdienstleistung« heißt. Über normale Versicherungsprodukte hinaus verlangen Management und Verkaufsorganisationen unisono nach weiteren Finanzdienstleistungsprodukten und meinen damit z. B. Investmentfonds oder Bausparprodukte. Ein anderer Fokus liegt auf der Rundumversorgung des Kunden mit allen möglichen Versicherungsprodukten, um Konkurrenzeinbrüche beim Kunden zu verhindern. Nur, dieses originäre Brancheninteresse wird aus den unterschiedlichsten Gründen in den wenigsten Fällen befriedigt. Die so genannte Cross-Selling-Rate der Versicherungsprodukte liegt im

Durchschnitt pro Kunde nur bei 1,2 bis 2,5 Verträgen bei über fünf beim Kunden im Durchschnitt vorhandenen Verträgen. Es liegt also noch ein weites Akquisitionsfeld für den Verkauf von Versicherungsprodukten offen. Warum dann eine Verzettelung mit zusätzlichen Finanzdienstleistungsprodukten? Nur weil der Kunde hier auch einen Bedarf hat? Der Kunde braucht auch Schnürsenkel ...! Es zeigt sich immer wieder, dass die effektivsten Organisationen sich auf eine oder ganz wenige Aufgaben konzentrieren. Diversifizierungen beinträchtigen die Leistungsfähigkeit einer Organisation, egal um welche Art von Unternehmen es sich handelt. Nicht umsonst erleben wir nach der großen Modeerscheinung der Diversifizierungen die neue Zielrichtung der Konzentration auf die Kernkompetenzen. Die vielen Neunmalklugen, die früher die Diversifizierung als das allein Glücklichmachende gepriesen haben, schämen sich nach ihren Misserfolgen heute nicht, mit Inbrunst die Kernkompetenz in den Himmel zu heben.

In der überzogenen Diversifizierung liegt die Ursache für eine negative Spirale ohne Ende. Abgesehen von den Auswirkungen auf die Rentabilität ergibt sich nach und nach eine Produktvielfalt, die weder von den produzierenden Kräften noch von den Verkäufern bewältigt werden kann. Neue Mitarbeiter, die die Entwicklung des Ganzen nicht mitverfolgen konnten, haben die größten Probleme.

Oft wird in solchen Situationen die Vertriebsplanung in eine falsche Richtung getrieben. Auf schwer verkäufliche Produkte, die vielleicht veraltet sind oder die wegen besonderer Vorlieben der Geschäftsleitung beibehalten und forciert werden müssen, werden die besten Verkäufer angesetzt und haben aufgrund ihrer besonderen Fähigkeiten sogar mäßigen Erfolg. Welch eine Kapazitätsverschwendung, wenn man daran denkt, welchen Erfolg diese Leute für sich und das Unternehmen hätten, würden sie zukunftsträchtige Produkte verkaufen. Der große Erfolg setzt nur ein, wenn Personal- und Vertriebsressourcen mit hohem Potenzial den Maßnahmen zugeordnet werden, die hohe Ergebnischancen beinhalten.

Eine pyramidale Verteilung der Ressourcen bringt den größten Erfolg.

Auf die Bereiche mit dem höchsten Ergebnispotenzial müssen sich die meisten Ressourcen konzentrieren. Erst wenn deren Bedarf ausreichend gedeckt ist, sollten weitere Ressourcen weiteren Bereichen zugewiesen werden. Ressourcen sind immer und überall begrenzt. Es macht keinen Sinn, sie ungelenkt zu verschwenden.

Die erfolgreiche Vertriebsplanung bedingt eine Konzentration auf eine kleine Anzahl von Produkten, Vertriebsschienen und Kundensegmenten. Leider agieren die meisten Unternehmen im Widerspruch zu dieser Erfolgsformel, d.h. ihr Produktsortiment beinhaltet eine Masse von Artikeln, von denen nur wenige wirklich verkauft werden. Das bedeutet,

wenige Artikel müssen die Einnahmen erwirtschaften, um die Kosten für die vielen Ladenhüter zu tragen.

Deshalb macht es Sinn, in regelmäßigen Abständen z.B. von drei oder fünf Jahren alle Produkte, aber auch alle Vertriebswege und Kundenverbindungen, daraufhin zu überprüfen, ob man sie mit den heutigen Kenntnissen wieder neu aufnehmen würde. Wenn nicht, wäre zu prüfen, ob die Ursache in bereinigbaren Fehlern liegt oder die Produktlinie nicht besser komplett aufgegeben wird. Eine logische Reaktion auf solche Analysen kann natürlich auch bedeuten, zugunsten einer Gewinnsteigerung auf Umsatz zu verzichten und damit u.U. Marktanteile und Marktmacht aufzugeben. Diese Konsequenz muss mitbeachtet und in die Entscheidung einbezogen werden.

Die Produktvielfalt führt zwangsweise zu Oberflächlichkeiten und damit zu Qualitätseinbußen!

Die richtige Antwort liegt in drei Aspekten:

- **Spezialisierung**
- **Standardisierung**
- **Simplifizierung**

Der Manager, der diese Linie eng verfolgt, wird Erfolg haben, wenn er damit auch nicht viele Freunde gewinnt. Jeder erfahrene Manager weiß, dass am meisten die Produkte von der Vertriebsorganisation verkauft werden, die einfach und kostengünstig und damit auch preisgünstig sind. Jede Feinheit und Problematik wird zur Hürde für einen Verkäufer, die er oft nicht nimmt. Dazu gesellt sich der immense Kostenvorteil auf der Produktionsseite. Die Konzentration auf diese drei Punkte garantiert Erfolg.

Innovationen

Innovationen werden gebraucht, kein Zweifel. Für viele Unternehmen hängt die Zukunft davon ab. Aber warum scheitern so viele Innovationsbestrebungen? Als Hauptgrund werden mangelnde Ideen ausgemacht. Falsch! Ideen gibt es in den meisten Unternehmen genug. Nur werden sie nicht ernst genommen oder nicht ernsthaft umgesetzt. Die Idee ist lediglich die Grundvoraussetzung für eine Innovation und damit nur die Spitze der Durchführungs-Pyramide. Nach unten wird die Pyramide immer breiter. Die unteren Stufen bedeuten: Erstellung eines Prototyps, Tests, Entwicklung zur Serienreife und Vermarktung. Jede der einzelnen Stufen beinhaltet ein Vielfaches an Aufwand der vorherigen Stufe. Soviel Talent, Scharfsinn, Kreativität und Wissen für eine Innovationsidee erforderlich sind, soviel Sorgfalt, Standhaftigkeit und harte Arbeit erfordert die Umsetzung.

Unabhängig von der Qualität der Idee hängt die Umsetzungswahrscheinlichkeit auch davon ab, in welcher Hierarchiestufe sie entstand. Entsprang sie der Geschäftsleitung, wird sie eher umgesetzt als die Idee eines Sachbearbeiters. Ausschlaggebend ist also klar die Umsetzungsmacht des Ideenproduzenten. Diese allgemein gültige Wirkung muss nicht schädlich sein, im Gegenteil, solange sich in der Geschäftsleitung kreative Mitglieder befinden, die zum einen die notwendige Marktnähe aufweisen und zum anderen die Energie besitzen, den Umsetzungsprozess voran zu treiben und eng zu begleiten. Dieser Idealfall erbringt die besten Ergebnisse. Leider ergibt sich diese Konstellation nur selten.

Eine ähnlich gute Ausgangsposition besteht, wenn sich die Geschäftsleitung für innovative Ideen ehrlich aufgeschlossen gibt. Sie sorgt dann dafür, dass die Ideen gefördert und nicht an irgendwelchen, in der Regel nicht ergebnisverantwortlichen Stellen unterdrückt werden. Am besten in der Form, dass sich ein Geschäftsleitungsmitglied als Pate der Ideenumsetzung annimmt.

Mit Erfolg arbeiten auch so genannte »Innovationszirkel«, die aus Mitarbeitern unterschiedlicher Bereiche wie z.B.

Marketing, Vertrieb, Produktion und IT zusammengesetzt sind. Es besteht in solchen Arbeitskreisen allerdings die Gefahr, dass auch gute Projekte aus unterschiedlichen Interessenlagen und subjektiven Einschätzungen zerredet werden, oder der Ursprungsidee soviel neuer Senf beigemischt wird, dass sie am Ende nicht mehr wieder erkannt werden kann. Nicht selten erkennt man den Versuch, das neue Produkt zu verdammen, nur um ein altes zu bewahren.

Obwohl häufig mit Überzeugung durchgeführt, helfen Sinnhaftigkeitsbefragungen von Verkäufern oder repräsentative Kundenbefragungen nicht wirklich weiter. Zu oft ließ sich in Vergangenheit feststellen, dass Produkte, die genau nach den so erkannten Verkäufer- oder Kundenwünschen produziert, dann nicht ver- und gekauft wurden. Eine theoretische Befragungssituation ist eben doch etwas anderes, als eine praktische Bezahlungssituation.

Natürlich erfordert die Entscheidung für die Durchführung einer Innovation wie alle bedeutenden Projekte eine Kosten-Nutzen-Prognose. Wichtiger als der Versuch einer Umsatzprognose ist dabei die Berechnung des Break-even-Points. Die sich aus dieser Berechnung ergebende notwendige Umsatzgröße muss den Ausschlag für die Entscheidung geben. Die Kernfrage lautet: Kann dieser Umsatz mit der vorhandenen oder neu zu schaffenden Vertriebskapazität in der veranschlagten Zeit erreicht werden? Nur wenn diese Frage positiv beantwortet wird, macht die Umsetzung Sinn.

Profitcenter und Costcenter

Jedes rechtlich selbstständige Unternehmen bilanziert und wird damit automatisch zu einem Profitcenter. Den Profit selbst gibt das Bilanzergebnis wieder, positiv oder negativ.

Innerhalb eines Unternehmens gibt es Bereiche, die durchaus auch als eigenes rechtlich selbstständiges Unternehmen geführt werden könnten, was aber aus organisatorischen oder bilanziellen Gründen unterbleibt. Dennoch macht es Sinn, diese Unternehmensbereiche unter Profitgesichtspunkten zu betrachten, um immer wieder zu überprüfen, wie rentabel diese Bereiche agieren. Sind sie nicht rentabel, sind Maßnahmen zu ergreifen, sie rentabel zu machen oder zu entscheiden, dass sie aufgegeben werden.

Für diese internen Unternehmensbereiche sollte also intern bilanziert werden. Für die Zusammenstellung und Aufbereitung entsprechenden Zahlenmaterials sind Rechnungswesen und Kostenrechnung und auch Controlling zuständig. Entsprechende Daten sind natürlich nicht grundsätzlich vorhanden und müssen häufig neu erzeugt werden. Dabei können zu einem großen Teil Allgemeinkosten und Gewinne über Verteilungsschlüssel zugeordnet werden. So sinnvoll es aus übergeordneten Unternehmensgesichtspunkten sein kann, bei einer Kostenzuordnung nicht unbedingt Objektivität walten zu lassen, so unangebracht ist es bei einer Profitcenter-Rechnung. Bewusst falsche Zuordnungen führen zu falschen Aussagen und diese bilden die Grundlage für falsche Entscheidungen. Eine Profitcenter-Rechnung darf nur sachgemäß erfolgen! Wird z. B. bei einem Fahrzeughersteller die LKW-Produktion durch die PKW-Produktion subventioniert, so mag das unternehmerisch sinnvoll sein, weil mit den LKW vielleicht neue Märkte erschlossen werden sollen. Mit der falschen Kostenzuordnung wird die LKW-Produktion profitabler, die PKW-Produktion aber unrentabler. Steht nun für die PKW-Produktion eine größere Investition in Form einer neuen Fertigungsstraße an, so erfolgt die Investitionsentscheidung auf einer falschen Basis, wenn ihr nicht eine saubere Profitcenter-Rechnung zu Grunde liegt. Unter Umständen wird eine unternehmerische Fehlentscheidung getroffen.

Was macht eine Profitcenter-Rechnung noch für einen Sinn, außer Fehlentscheidungen zu vermeiden? Sie soll der Unternehmensleitung deutlich anzeigen, welche Unternehmensbereiche am rentabelsten arbeiten. Bei gleichartigen Bereichen, z. B. Vertriebseinheiten, wird ein Vergleich auch mit Rückschlüssen auf die Qualität der Führungskräfte möglich. Bei unterschiedlichen Bereichen dient die Rechnung als Basis für Investitionsentscheidungen oder zukünftige Aktivitätsschwerpunkte.

Auf Basis der Profitcenter-Rechnung können Ziele für die verantwortlichen Führungskräfte vorgegeben werden.

Es lässt sich schnell feststellen, dass die in eine Profitcenter-Rechnung eingebundenen Führungskräfte viel ergebnisverantwortlicher denken und handeln!

Investitionsanforderungen werden nicht mehr ohne großes Nachdenken gestellt, weil die Investitionslast woanders liegt. Nein, der Investitionsaufwand wird zugerechnet und beeinflusst das Bereichsergebnis und damit vernünftigerweise die variablen Bezüge des Entscheiders. Die variablen Bezüge dürfen allerdings nicht sklavisch an das Ergebnis gebunden werden, da sonst notwendige und sinnvolle Investitionen nicht getätigt werden. Für die Unternehmensleitung bietet sich dann eine Aktivierung des Investitionsaufwandes und Abschreibung über mehrere Jahre oder eine volle oder teilweise Eliminierung an. Die Aktivierung ist regelmäßig zu bevorzugen, wenn auch mit der Berücksichtigung von Investitionskosten das Bereichsergebnis und die Bezüge der verantwortlichen Führungskraft gemindert werden. Die gute Führungskraft muss aber erkennen, dass die Investition zukünftige Gewinne erhöhen soll, mit einer möglichst überproportionalen Wirkung auf die Bezüge. Das unternehmerische Denken und Handeln wird damit verstärkt.

Manchen Bereichen können keine Profits zugerechnet werden oder nur unter erheblichen Umständen und ohne große Aussagekraft. Das gilt z. B. für die meisten zentralen Bereiche, wie EDV, Personal, Controlling usw. Will die Unternehmensleitung dennoch die Vorteile einer Profitcenter-Rechnung auch auf einen solchen Bereich anwenden, so kann sie sich einer abgewandelten Form, einer Costcenter-Rechnung, bedienen. Bei einer Costcenter-Rechnung geht es nicht darum, dem entsprechenden Bereich einen Profit zuzurechnen, sondern es geht darum, einen »Kostengewinn« zu erzielen. Hierfür werden entweder die für diesen Bereich kalkulierten oder die geplanten Kosten als Bemessungsbasis herangezogen. Die Über- oder Unterschreitung dieser Kostenvorgabe entspricht dem Profit oder Nonprofit einer Profitcenter-Rechnung.

Produktivitätssteigerung

»Konkurrenzunternehmen arbeiten produktiver als wir, deshalb müssen Unternehmensberater, die McKinseys, die Roland Bergers oder die KPMGs, her.« Diese werden dann unter geschickter Einbindung und Ausnutzung des Wissens qualifizierter Führungskräfte mit einem Benchmarking-System, natürlich zu horrenden Kosten und ohne Ergebnisverantwortung, Maßnahmen zur Produktivitätssteigerung erarbeiten. Besser ausgedrückt: Sie leiten immer nach demselben Schema die Führungskräfte an, die Maßnahmen selbst zu erarbeiten, um die Ergebnisse dann in einem gut aufbereitetem Elaborat der Geschäftsleitung als Produkt eigener hochqualifizierter Fähigkeiten zu präsentieren.

Das braucht es in den meisten Fällen nicht! Es wird nicht abzustreiten sein, dass Unternehmensberater, gezielt eingesetzt, Fähigkeitslücken im Management ausgleichen können. Aber mit dem Einsatz einiger Logik und konsequenter Systematik lassen sich in mehr oder weniger regelmäßigen Abständen spürbare Produktivitätsfortschritte erzielen. Dabei muss nicht die gesamte Gesellschaftsorganisation auf den Kopf gestellt werden, was Geschäftsergebnisverbesserungen manchmal auf Jahre blockiert, um dann mit einer vollkommenen Neuorganisation alle Mitarbeiter zu frustrieren und doch kaum zu besseren Ergebnissen zu gelangen. Mit einfachen internen Mitteln erreicht man oft mehr und das ohne überflüssige Kosten für Externe.

Nur selten führen die »großen Würfe« einer kompletten Neuorganisation des Unternehmens zum Erfolg.

Meistens wird nur dieselbe Arbeit anders verteilt und mit dem Ziel und Ergebnis, bisher schon überflüssiges Personal abzubauen, wird ein Erfolg vorgespiegelt, der auch ohne Umorganisation hätte erreicht werden können. Manche Geschäftsleitungen scheuen sich, harte Personalmaßnahmen dem Betriebsrat und der Belegschaft zu verkaufen. Wie viel einfacher und bequemer ist es doch, einen Unternehmensberater vorzuschieben, der zwar gegen hohes Honorar aber dafür mit dem Deckmantel der Neutralität den unbedingt notwendigen Abbau des überschüssigen Personals dringend empfiehlt. Der Zorn wird sich nicht gegen die Geschäftsleitung richten sondern gegen den externen Unternehmensberater, der die gut bezahlte Schmach gerne in gehöriger Entfernung hinnimmt. Wenn der Zorn bei der Umsetzung der Maßnahmen erst richtig aufwallt, berät er schon mit dem Nachweis des letzten Erfolges und vielleicht einer neuen Referenz das nächste Unternehmen.

Die meisten Produktivitätsfortschritte lassen sich auf Abteilungsebene mit einer Rationalisierung der Arbeitsabläufe erzielen.

Dabei kann und soll natürlich nicht ausgeschlossen werden, dass die neuen Arbeitsabläufe auch andere Abteilungen oder Bereiche tangieren. Eine allgemein anwendbare Vorgehensweise einer Abteilung kann wie folgt aussehen:

- Der Abteilungsleiter gewichtet zusammen mit seinen Mitarbeitern alle in der Abteilung anfallenden Arbeiten nach prozentualen Anteilen am gesamten Arbeitsaufkommen der Abteilung.

- Bei den von ihrer Gewichtung her bedeutendsten Arbeitsgebieten (in der Regel ca. 80 % aller Arbeiten) werden alle einzelnen Arbeitschritte detailliert schriftlich dargestellt, auch soweit sie außerhalb der eigenen Abteilung liegen.

- Diese Ausarbeitung wird allen in die Rationalisierungsmaßnahme einbezogenen Personen zu Kenntnis gegeben. In die Rationalisierungsmaßnahme sollten einbezogen werden:
  - das für die Abteilung verantwortliche Geschäftsleitungsmitglied,
  - der Abteilungsleiter,
  - Gruppenleiter,
  - eine Auswahl qualifizierter Sachbearbeiter,
  - ggf. der Abteilungsleiter einer Schwesterabteilung, der als Außenstehender unbedarft kritisch sein kann,
  - eine oder mehrer Führungskräfte der betriebsorganisatorischen Abteilung,
  - eine oder mehrere Führungskräfte des IT-Bereichs.

- Während einer gemeinsamen Tagung dieses Personenkreises stellen der zuständige Abteilungsleiter mit Unterstützung seiner Gruppenleiter und Sachbearbeiter von Arbeitsgebiet zu Arbeitsgebiet die einzelnen Arbeitsschritte mit Hilfe von Overhead-Projektor oder Beamer vor. Die Tagungsteilnehmer checken gemeinsam ab, ob
  - der Arbeitsvorgang überhaupt noch notwendig ist, oder ob auf ihn gänzlich verzichtet werden kann. Hierzu bedarf es häufig einer Entscheidung des Geschäftsleitungsmitglieds, weil mit einem Verzicht in der Regel Risiken verbunden sind. Es muss abgewägt werden, ob der evtl. Eintritt des Risikos schwerwiegender sein kann, als die Kosteneinsparung. Fällt hier eine weiterführende Entscheidung, können diese Maßnahmen meistens umgehend umgesetzt werden.
  - der Arbeitsvorgang an anderer Stelle im Unternehmen kostengünstiger erledigt werden kann.

- wie der Arbeitsvorgang durch einen Mitarbeiter vereinfacht und schneller erledigt werden kann,
- und wieweit der Arbeitsvorgang ohne zukünftigen Zugriff eines Mitarbeiters komplett oder teilweise technisiert werden kann.

- Zu jeder einzelnen Rationalisierungsmöglichkeit erfolgt eine grobe Einschätzung der Personal- und/oder Sachkosten-Einsparung. Diese grobe Einschätzung birgt nicht nur für die Tagungsteilnehmer ein Erfolgserlebnis in sich, sondern gibt je nach Einsparungspotenzial im Unternehmen auch ein Gefühl dafür, mit welchem Nachdruck die Rationalisierungsmaßnahmen eingeleitet werden sollten.

- Für viele Maßnahmen werden EDV-Projekte aufgesetzt werden müssen und es erfolgen Anschlussaufträge an andere Bereiche. Das alles muss mit Kosten-/ Nutzenberechnungen und mit Machbarkeitseinschätzungen unterlegt werden. Die Koordination für diese Tätigkeiten überträgt man sinnvollerweise dem betriebsorganisatorischen Bereich.

- Auf Basis der Kosten-/Nutzen-Berechnung entscheidet die Geschäftsleitung, welche Vorschläge ausgeführt werden.

- Der betriebsorganisatorische Bereich stellt einen Zeitplan für die Erledigung auf, beauftragt die betroffenen Stellen, hält die zeitgerechte Erledigung nach und berichtet der Geschäftsleitung.

- Betriebsorganisatorischer Bereich und Abteilungsleiter berechnen die Verbesserung der Produktivitäts-Kennziffern (PKZ) und bestimmen deren Einführungstermine.

Die Tochtergesellschaft

Zu jeder Tochtergesellschaft gehört natürlich eine Muttergesellschaft. Allein die beiden Bezeichnungen deuten schon auf das Beziehungsverhältnis dieser beiden Gesellschaften hin. Die Mutter hat das Sagen, die Tochter hat sich zu fügen. Das Beziehungsverhältnis sagt dabei nichts über die Qualität der Manager der beiden Unternehmen aus.

Durchaus müssen die Manager der Mutter nicht zwangsweise besser und qualifizierter sein als die Manager der Tochter!

Oft steht die Realität der Logik diametral gegenüber. Umgekehrte Qualifikationsverhältnisse machen das Leben für beide Seiten schwer. In den meisten Fällen führt das zu einer Abkehr vom Unternehmen, leider an der falschen Stelle.

Unabhängig davon lässt sich regelmäßig feststellen, dass die Manager der Obergesellschaft verlangen, dass in der Tochtergesellschaft ihre Idealvorstellungen eines gut funktionierenden Unternehmens umgesetzt werden. Sie stellen hohe Ansprüche, deren Umsetzung wirklich dem Wohl der Tochter dient. Nicht selten begegnen sie dabei allerdings einem nicht unberechtigten Stirnrunzeln der Tochtermanager, weil nur in den wenigsten Fällen die verlangten Maßnahmen im Mutterunternehmen selbst umgesetzt wurden. Es macht sich prächtig, den klug vorgetragenen Verlangen der Obermanager zuzuhören und gleichzeitig genau zu wissen, das sie nicht in der Lage sind, diese Verlangen selbst zu erfüllen. Was soll's? Damit muss ein Manager leben können.

Ein großer Anteil des Gehalts einer Führungskraft ist sowieso Schmerzensgeld!

Die Fähigkeit des überwachenden Managers in seiner Überwachungsfunktion bemisst sich nicht an den Erfolgen im eigenen Unternehmen. Er kann durchaus im eigenen Unternehmen schwach sein, in der Überwachungsfunktion aber stark. Er wird dann stark sein, wenn er viele der hier beschriebenen Managementelemente auch im Verhältnis zu den zu führenden Mitarbeitern im Tochterunternehmen anwendet. Seine schwierigste Aufgabe besteht in der Kontrolle der Mitarbeiter und der Ergebnisse des Unternehmens. Die Aufgabe gestaltet sich nicht deshalb schwierig, weil hierbei vielleicht die allgemeinen Managementinstrumente nicht angewandt werden könnten – das ist nicht der Fall –, nein, die Schwierigkeit liegt darin, dass möglicherweise das Tochterunternehmen in einer anderen Branche oder in einem fremden Land agiert. Bei beidem gelten ganz andere Gesetzmäßigkeiten, mit denen sich der beaufsichtigende Manager nicht unbedingt vertraut machen konnte. Gefahren ergeben sich zum einen daraus, dass der Obermanager die Qualität der Aktivitäten und Ergebnisse im fremden Umfeld schlecht einzuschätzen weiß, und zum anderen aus der Möglichkeit, dass die Manager der Tochtergesellschaft versuchen, aus einer so erkannten Unsicherheit Profit zu schlagen, indem sie ihrem Vorgesetzten etwas vormachen. Hier gilt doppelt:

»Vertrauen ist gut, Kontrolle ist besser!«

Die Kontrolle darf nicht nur auf eigener Erfahrung oder logischer Erkenntnis basieren. Ein Vergleich der Ergebnisse mit Branchen- oder Marktkennzahlen, so detailliert wie möglich, darf keinesfalls unterlassen werden. Mit diesem

Vergleich und der Besorgung der notwendigen Daten sollten nicht die Mitarbeiter des Tochterunternehmens beauftragt werden. Hiermit sind am besten externe nationale Wirtschaftsprüfer zu beauftragen, die sich in der entsprechenden Branche gut auskennen. Ob gegebenenfalls die in die Prüfung des Jahresabschlusses involvierten Wirtschaftsprüfer hiermit beauftragt werden sollen, ist eine Geschmacksfrage und auch vom Verhältnis der Tochtermanager zu den Wirtschaftsprüfern abhängig. Jedenfalls ergeben sich für den Kontrollmanager zwei nicht hoch genug einzuschätzende Vorteile. Er kommt über eine neutrale Stelle an die Daten, die er notwendig braucht, und erfährt zusätzlich eine fachmännische Beratung; plus: Er lastet einen Teil seiner Verantwortung ab. Das Letztere nicht nur tatsächlich, sondern auch haftungsrechtlich.

5. Das Topmanagement als Ziel

- Karrierefaktoren
- Das Ziel erreicht

Karrierefaktoren

Wer kommt bis ins Topmanagement und wie kommt er dorthin? Die Pyramide wird nach oben hin immer enger.

Nicht alle, die an die Spitze wollen oder die Fähigkeiten dazu haben, erreichen sie!

Der Glaube, dass der Vierzehn-Stunden-Tag und die Sechs-Tage-Woche und damit der Verzicht auf Privatleben eine Garantie für den Aufstieg auf der Karriereleiter wären, zeigt sich häufig als Irrtum. Leistungsbereitschaft gehört zu den objektiven Voraussetzungen, genauso wie die hier beschriebenen Fähigkeiten wie Führungserfahrung und die Kenntnis von Führungstechniken, Ausbildung, Werdegang, bisherige Erfolge, Auslandserfahrung, Sprachkenntnisse, akademische Titel. Aber auch die Persönlichkeit, die Ausstrahlung und die Motivationsfähigkeit spielen eine objektive Rolle. Alle objektiven Voraussetzungen können allerdings von den subjektiven überstrahlt werden. Hierzu gehören in erster Linie Beziehungen und Glück,

das Glück, zur rechten Zeit an der richtigen Stelle zu sein.

Beziehungen laufen meistens über nahe stehende Verwandte, Freunde oder über besondere Geschäftsverbindungen, bei denen der eine dem anderen etwas schuldet, gemeinhin auch Filz oder Klüngel genannt. Beziehungen können aber auch von einer Führungskraft selbst aufgebaut werden, und zwar zu Förderern im eigenen Unternehmen. Förderer sind für die Karriere förderlich, wie der Name schon sagt. Aber auch hierbei kann es Pech geben. Wenn die Beziehung zum Förderer sehr eng wird, kann das eigene Schicksal mit dessen

Schicksal genauso eng verbunden sein, und das nicht immer nur zum Vorteil. Dem Glück kann eine strebsame Führungskraft mit Energie und Beweglichkeit nachhelfen. Sobald sie spürt, dass sie auf dem derzeitigen Posten nicht oder nicht in angemessener Zeit weiterkommt, muss sie die Konsequenzen ziehen und wechseln. Topmanagement-Positionen werden allgemein nur selten öffentlich ausgeschrieben. Entweder erfährt man innerhalb der Branche von vakanten Posten, oder der Weg führt über einen hochkarätigen Personalvermittler oder Headhunter.

Die Verfahren zur Auswahl von Führungskräften sind vielfältig und in der Vielfältigkeit steckt gleichzeitig auch eine Undurchsichtigkeit bis hin zur Willkür. Die Chemie zwischen Entscheider und Einstellungs- oder Beförderungskandidat muss übereinstimmen, sonst verlieren alle objektiven Kriterien ihre Bedeutung. Manchmal stimmt ja die Chemie auf Anhieb und man weiß noch nicht einmal so genau wieso. Eine unbeeinflussbare Sympathie spielt mit. Auch ein richtiges Wort, eine richtige Meinung oder ein zufälliges Gespräch über das richtige Thema oder übereinstimmende Interessen können ausschlaggebend sein. Da, wo eine Einflussnahme möglich ist, kommt es viel auf taktisches Geschick und Fingerspitzengefühl an. Wer das nicht hat oder sich nicht aneignen kann, eckt früher oder später so an, dass seine Karriere schnell einknickt.

Der Personalmanager, der glaubt, dass die akademische Ausbildung und ein Prädikatsexamen unbedingte Voraussetzungen für Führungserfolg sein müssten, versperrt seinen Blick für die Realität. Leider haben es viel zu viele Personalentscheider versäumt, bei den Top-Führungskräften im eigenen Unternehmen oder auch ganz allgemein, einmal nach übereinstimmenden Kriterien im Werdegang und in sonstigen hervorstechenden Qualifikationsmerkmalen zu suchen. Wenn im Unternehmen überhaupt Nicht-Akademikern die Chance zum Aufstieg geboten wurde, wird festzustellen sein, dass es nicht unbedingt die akademischen Kriterien sind, die die besten Führungspersönlichkeiten auszeichnen. Zwischen akademischer Ausbildung und Managerpotenzial besteht kein unmittelbarer Zusammenhang.

Das Ziel erreicht

Das Topmanagement ist das Ziel einer jeden ehrgeizigen und engagierten Führungskraft. Sie treibt die Sehnsucht nach Macht, Einfluss und Unabhängigkeit. Die meisten, die es geschafft haben, finden aber etwas ganz anderes. Was sie hält, sind Äußerlichkeiten wie Ansehen, scheinbare Wichtigkeit und natürlich Annehmlichkeiten wie eine Sekretärin oder auch zwei, Fahrer, Dienstlimousine, Spitzenhotels, First-Class-Flüge und nicht zuletzt passende Bezüge. Aber nach normalem, altersbedingtem Ausscheiden aus dem Amt finden sie doch, dass der Weg nach oben sich wegen dieser Äußerlichkeiten und Annehmlichkeiten gelohnt hat.

Die Wahrheit während der Zeit dort oben ist für viele überraschend:

Der Grad der Unabhängigkeit ist nur scheinbar hoch!

Die Abhängigkeiten engen nach wie vor ein, sie sind nur subtiler. Der Einzelne an der Spitze kann nur wenig bewirken. Es gibt Eigentümer, Aufsichtsräte, Aktionäre, Kollegen, Betriebsräte, die alle, weil sie mitreden wollen, viele vernünftige Entscheidungen verwässern oder gar verhindern. Das kann so weit führen, dass ein Vorstand oder Geschäftsführer praktisch zum reinen Befehlsempfänger degradiert wird. Es gibt dann Abteilungsleiter, die in ihrem kleineren Verantwortungsbereich autonomer sind, weil sie sich weniger Abhängigkeiten ausgesetzt sehen. Je größer das Unternehmen wird, desto geringer gestaltet sich der Freiraum für die Topmanager. Mit einer Globalisierung des Unternehmens werden die Strukturen unübersichtlicher. Mit der damit einhergehenden Dezentralisierung von Fach- und Vertriebsfunktionen und der Zentralisierung von Verwaltungsfunktionen auf viele interne Stellen nimmt der Einfluss des einzelnen Geschäftsleitungsmitgliedes ab. Neben dem Einfluss geht auch ein großer Teil der Übersicht verloren. Je größer der zu leitende Bereich, desto geringer werden die tief greifenden Kontrollmöglichkeiten. Zu viele Bälle sind gleichzeitig zu jonglieren und vielleicht entpuppt sich der Ball, der hinunterfällt, als Handgranate.

Selbst, wenn der Wille vorhanden ist, zumindest stichprobenweise bis tief nach unten zu kontrollieren, fehlt der Geschäftsleitung hierzu die Zeit. Einen großen Teil der Zeit verbringen Topmanager damit, ihre Position zu sichern, also mit Aufgaben, die nichts mit dem operativen Geschäft zu tun haben: verteidigen, angreifen, taktieren, tricksen, Hausmacht sichern, Verbündete suchen für wichtige Projekte. Das Zusammenarbeiten in der Geschäftsleitung bedeutet Kampf. Das Gerede von Teamarbeit und Zusammenhalt ist in vielen Gesellschaften eine einzige Farce. Dabei bekämpft man sich selten offen und direkt. Man behandelt sich freundlich und verteilt die Tritte gegen das Schienbein unter dem Tisch. Und dann gibt es da noch einen Vorsitzenden der Geschäftsleitung, der nach dem Gesetz zwar nur als Primus inter Pares gilt, weil z. B. ein

Vorstandsteam eine gemeinsame Verantwortung trägt, jedoch bedeutet das nur die juristische Ausprägung. In der Praxis entscheidet häufig der Vorsitzende allein und die anderen nicken stillschweigend oder, je nach Naturell, auch mit demonstrativer Zustimmung. Manchmal sind die Rituale lächerlich. Der Vorsitzende macht den Eindruck, als würde er die Argumente seiner Kollegen anhören und ernst nehmen und mit ihnen diskutieren, in Wirklichkeit geht es nur darum, dass er ihnen seinen Willen aufzwingt. Alle wissen das, trotzdem spielen sie das Spiel in jeder Geschäftsleitungssitzung immer wieder aufs Neue mit. Warum macht der Einzelne das mit? Weil alle mitmachen. Weil das Haus noch nicht abgezahlt ist und die Pension noch nicht gesichert ist. Keiner will als Gescheiterter dastehen und Vorstandspositionen sind nicht allzu häufig gesät. Deshalb sind in den Führungsetagen Deformation und Demütigung häufig anzutreffen. Wer erfolgreich sein will, prostituiert sich, auch an der Spitze der Unternehmen. Wohl fühlt sich kaum einer dabei. Sich schlecht zu fühlen, sich aber dauerhaft selbst zu belügen, um fröhlich sein zu können, ist ein Ideal, dass nur wenige erreichen. Schließlich taugt nicht jeder zur Elite.

Das größte Risiko eines Geschäftsleitungsmitgliedes besteht darin, dass sein Vertrag nicht verlängert wird!

Es geht nicht nur darum, dass das Unternehmen den Eigentümer wechselt oder fusioniert, die meisten scheitern an internen Spielchen. Da kommt ein Vorstand von einer Auslandsreise zurück und will in der nächsten Vorstandssitzung über seine neuen Erkenntnisse berichten, als der Vorsitzende ohne Ankündigung die Tagesordnung ändert und über die Entwicklung in einem ganz anderen speziellen Bereich informiert werden will. Wenn der Kollege nun unvorbereitet passen muss, erklärt der Vorsitzende, dass er aber Näheres berichten kann. Dann überschüttet er das Gremium mit Daten, die von seinen Stäben seit Tagen vorbereitet wurden und von niemandem auf Anhieb widerlegt werden können. Das sind die anfänglichen Anzeichen vom Ende. So können sich Triumphe schnell in Tragödien verwandeln. Kollegen gehen auf Distanz und werden zu Kontrahenten. Der Überflieger wird zum Würstchen und erweist sich als Psychopath. Die Trennung aus »gesundheitlichen Gründen« wird dann sehr wahrscheinlich. Der Witzige kommentiert das nach außen hin mit folgender Bemerkung: »Ich scheide beim Unternehmen XY wirklich aus gesundheitlichen Gründen aus. Die ständigen Querelen mit dem inkompetenten Aufsichtsrat und mit den noch inkompetenteren Vorstandskollegen haben mich krank gemacht.«

So ist nicht alles Gold, was glänzt. Jeder, der eine Spitzenposition anstrebt, sollte wissen, was auf ihn zukommen kann, er sollte das akzeptieren und darauf vorbereitet sein.

Wer hoch steigt, kann tief fallen, und viele fallen!

Einige kommen wieder auf die Beine, andere nicht. Wo die Chancen hoch sind, ist das Risiko groß. Das ergibt sich auf vielen Gebieten so. Für den Überlebenskampf ganz oben wurde sicher nicht jeder geschaffen. Wer sich allerdings durchgebissen hat und ganz oben längere Zeit überlebt hat, der würde den Kampf immer wieder aufnehmen, trotz aller Widrigkeiten.

Es ist schon etwas ganz Besonderes, da oben dazuzugehören!

Das Wichtigste zum Schluss:

6. Die 40 Krieger-Prinzipien

1
Niemand ist zum Führen geboren!
Seite 18

*

2
Eine gute Führungskraft gibt nie auf!
Seite 19

*

3
»Zu Ende denken« heißt die Devise!
Seite 19

*

4
Effizienz, nicht Präsenz ist gefragt!
Seite 19

9
Sag nie Ja, wenn du Nein sagen willst!
Seite 26

*

10
Die Welt des gestandenen Managements ist konservativ!
Seite 30

*

11
Wer Mitarbeiter zum Erfolg führen will, muss Emotionen produzieren!
Seite 39

*

12
Man muss die Dinge so sehen, wie sie sind!
Seite 40

13
Führen muss man spüren!
Seite 49

*

14
Mit Kleinigkeiten großzügig sein!
Seite 60

*

15
Gehe nie zu deinem Fürst,
wenn du nicht gerufen wirst!
Seite 62

*

16
Es ist wesentlich sicherer, geachtet
als geliebt zu sein!
Seite 64

17

Wer sich rechtfertigt, verliert!

Seite 71

*

18

Der größte Fehler wird gemacht, wenn der Gesprächspartner unterschätzt wird!

Seite 74

*

19

Wer fragt, der führt!

Seite 78

*

20

Wehret den Anfängen!

Seite 79

21
Bei einem Streit keinesfalls Partei ergreifen!
Seite 83

*

22
Kompromisse führen
nie zu einem Spitzenergebnis!
Seite 94

*

23
Wer nicht sagt, was er will,
bekommt nicht, was er will!
Seite 97

*

24
Was man nicht messen kann,
kann man nicht managen!
Seite 100

29
Die Erfüllung der Ziele
muss objektiv messbar sein!
Seite 137

*

30
Das Hinausschieben von Problemen
löst die Probleme nicht!
Seite 157

*

31
Eine Führungskraft,
die sich nicht berichten lässt,
führt nicht gut!
Seite 165

*

32
Das Feuer sofort austreten,
sobald es erkannt wird!
Seite 184

33
Außergewöhnliche Situationen verlangen nach außergewöhnlichen Maßnahmen!
Seite 189

*

34
Einem vollen Schreibtisch muss immer mit Misstrauen begegnet werden!
Seite 190

*

35
Vertraulichkeit ist ein Gegner der Akzeptanz!
Seite 198

*

36
Alle Grausamkeiten zu Beginn!
Seite 203

37
Auch Ratschläge sind Schläge!
Seite 208

*

38
Gleichbehandlung wollen immer nur die Schwächeren!
Seite 224

*

39
Je näher ein Mitarbeiter am Kunden ist, desto mehr braucht er ein Allroundwissen!
Seite 228

*

40
Je weiter der Mitarbeiter vom Kunden entfernt ist, desto mehr ist von ihm Spezialwissen gefordert!
Seite 228

Für eigene Notizen:

Für eigene Notizen:

Für eigene Notizen:

Für eigene Notizen:

Originalausgabe

Titelfoto: Alexandra Auer
Gestaltung: Brit Schubert
Herstellung: I. G. Marmol, S.L., Barcelona
Printed in Spain

ISBN 3-89769-040-3
www.lardonmediaag.de